AF261916

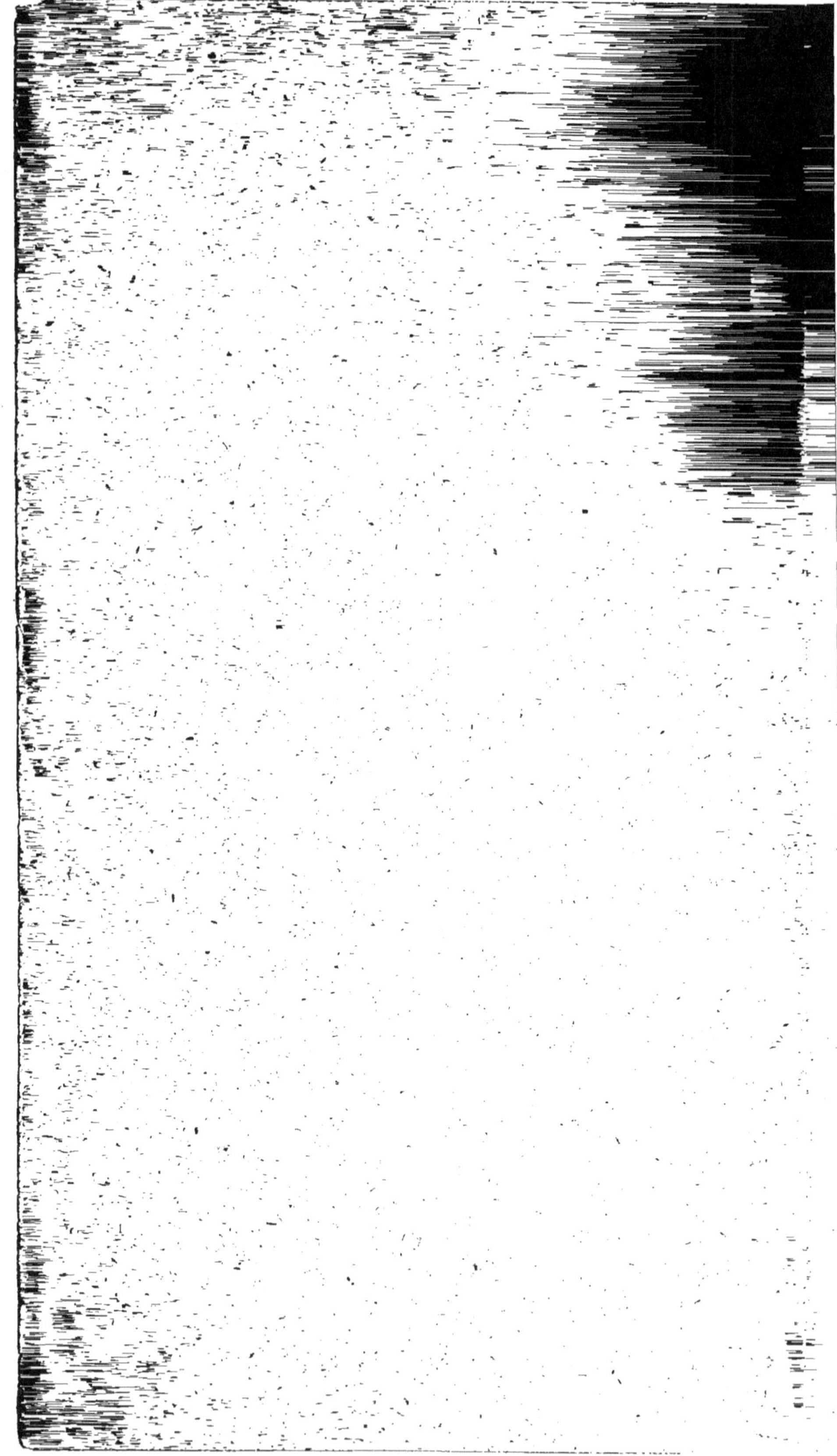

# NOTICE

SUR

# DON GONZALO O'FARRILL.

DE L'IMPRIMERIE DE CRAPELET,

RUE DE VAUGIRARD, N° 9

# NOTICE

SUR

## D. GONZALO O'FARRILL,

LIEUTENANT-GÉNÉRAL

DES ARMÉES

## DE S. M. LE ROI D'ESPAGNE;

SON ANCIEN MINISTRE DE LA GUERRE, ETC.

### PAR DON ANDRÉS MURIEL.

*In funeribus..... feminis lugere honestum est, viris meminisse.*

TACIT., De Moribus German.

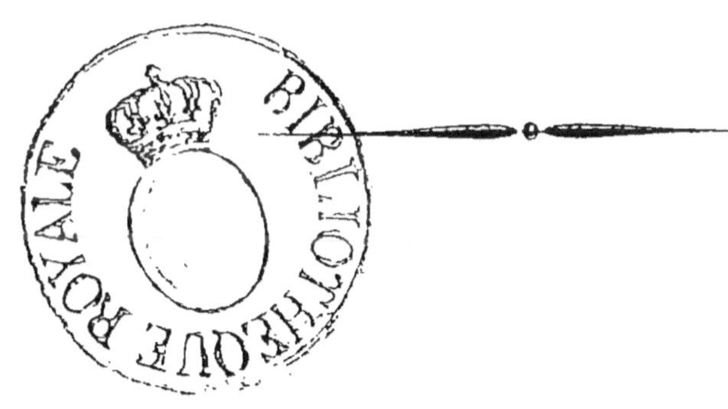

A PARIS,

CHEZ DE BURE FRÈRES, LIBRAIRES DU ROI,

ET DE LA BIBLIOTHÈQUE DU ROI,

RUE SERPENTE, N° 7

1831.

# NOTICE

SUR

# DON GONZALO O'FARRILL.

----•----

Le général O'Farrill naquit à la Havane le 22 janvier 1754; ses parens étaient issus de familles les plus considérées dans l'île de Cuba. Destiné à servir dans la milice espagnole, il fut envoyé en Europe, et placé préalablement dans une des institutions de France qui jouissait alors d'une grande renommée, et qui a travaillé depuis pour la maintenir, je veux parler du collége de Sorèze. Le jeune O'Farrill s'y fit bientôt remarquer par la vivacité et l'étendue de son esprit, ainsi que par la beauté de son âme et la douceur de son caractère. Il y a peu d'années encore, un magistrat dont la France honore la mémoire, feu M. Barris, président à la Cour de Cassation, qui avait été condisciple de M. O'Farrill dans le collége de Sorèze, parlait avec enthousiasme de la précocité de l'intelligence de son jeune camarade, et avouait naïvement que l'application et les succès de celui-ci avaient plus d'une fois tourmenté son amour-propre et excité sa rivalité.

Ainsi préparé aux études spéciales de la science militaire, le jeune O'Farrill passa en Espagne, où il entra au service comme cadet. Bientôt son instruction et sa capacité reconnues lui facilitèrent l'entrée dans l'Académie militaire d'Avila, un des nombreux établissemens utiles dont l'Espagne fut redevable au zèle éclairé du gouvernement de Charles III : il s'y fit connaître si avantageusement, que, devenu officier, il y fut employé comme professeur de mathématiques. Plus tard il fut chargé de la direction immédiate de l'École militaire des cadets du port Sainte-Marie. Ce fut là que M. O'Farrill forma dans les principes de l'art militaire plusieurs jeunes élèves qui ont marqué depuis parmi les généraux espagnols de nos jours, et qui se sont plus toujours à témoigner à leur ancien directeur leur attachement et leur reconnaissance : le temps et les combats en ont moissonné un grand nombre, d'autres ont péri dans la fureur de nos discordes civiles. Les anciens officiers espagnols aiment à se rappeler encore le brillant état de l'École militaire du port Sainte-Marie sous la direction d'O'Farrill; ils se souviennent de la satisfaction, ou plutôt du noble orgueil avec lequel le général O'Reilly montrait cet établissement aux étrangers qui arrivaient à Cadix. C'est ici le lieu de dire que ce général, un des plus instruits sans

contredit parmi ceux de l'armée espagnole, prit
le jeune O'Farrill sous sa protection, se fit un
devoir d'encourager et de récompenser ses travaux, et le regarda enfin comme son fils.
M. O'Farrill en parlait toujours avec la plus vive
reconnaissance; il l'appelait son *second père*.

Quelque puissant que fût l'attrait de l'occupation honorable de l'enseignement sur un esprit
aussi passionné pour la science que l'était celui
d'O'Farrill, il ne put pas l'emporter sur l'amour
de la gloire, dont il était vivement épris. Actif,
courageux, intelligent, il appelait de tous ses
vœux la guerre et les combats; il demanda à
quitter la direction de l'école pour entrer dans
les rangs de l'armée. La France s'occupait en
1780 de préparatifs pour faire débarquer une
armée sur les côtes d'Angleterre; O'Farrill solli-
cita et obtint la permission de s'y rendre comme
volontaire; mais le projet n'ayant point été mis
à exécution, il profita de son voyage pour visiter
les établissemens et les écoles d'artillerie et du
génie de la France, ainsi que les places fortes
sur les frontières de la Flandre et de la Cham-
pagne.

L'Espagne ne fut pas long-temps sans s'engager dans la querelle entre la France et l'Angleterre. Après avoir essayé en vain de tenir la
balance entre ces deux nations belligérantes, en

leur offrant sa médiation, Charles III se décida enfin à exécuter les stipulations du *pacte de famille*, et prit les armes pour défendre l'insurrection des colons de la Nouvelle-Angleterre, quoiqu'elle fût bien évidemment le signal et l'avant-coureur du soulèvement de ses propres colonies. Vers le milieu de 1781, on prépara à Cadix, avec le plus grand secret, une expédition dont on confia le commandement au général duc de Crillon; le but en était de s'emparer de l'île de Minorque, occupée par les Anglais, et d'ôter ce refuge à leurs vaisseaux pendant le siége qu'on allait commencer contre Gibraltar. L'expédition débarqua heureusement, et après un siége long et pénible, on força le général Murray à rendre la place de Mahon au commencement de 1782. O'Farrill servit dans ce siége sous les ordres immédiats du duc de Crillon; de là il se rendit à celui de Gibraltar, qui fixait alors l'attention de toute l'Europe, et pour lequel on avait fait d'immenses préparatifs de terre et de mer. O'Farrill s'y distingua dans plusieurs attaques contre la ligne des assiégés. On sait que malgré les efforts et la constance de Charles III, qui demandait tous les matins en s'éveillant, *est-elle prise?* on échoua dans la tentative non moins hasardée que dispendieuse des *batteries flottantes*, et que, laissant le siége traîner en longueur, Floridablanca et le comte d'Estaing arrêtèrent un plan d'attaque contre les possessions anglaises dans les Antilles, auquel devaient concourir soixante-dix vaisseaux de ligne avec quarante mille hommes de troupes de débarquement. O'Farrill, qui demandait toujours à être employé partout où il y avait des dangers à affronter et de la gloire à acquérir, fut nommé pour faire partie de l'armée expéditionnaire. Cinquante vaisseaux de ligne se trouvaient déjà réunis à Cadix, pour être rejoints par plus de vingt autres dans les Indes occidentales; toutes les troupes étaient prêtes à marcher, les préparatifs étaient terminés, lorsque le ministère anglais proposa de nouveau des préliminaires de paix, qui cette fois furent signés.

Depuis 1783, O'Farrill continua son service dans l'infanterie. Nous le voyons en 1788 et 1789 tenir garnison à Ceuta avec le régiment de Tolède, dont il était alors lieutenant-colonel; il s'y était rendu de Cadix. L'affreux tremblement de terre arrivé à Oran en 1790, ayant enseveli sous les ruines de la place plus de deux mille personnes, soit des habitans, soit des militaires de la garnison, parmi lesquelles était le colonel du régiment des Asturies, le roi nomma don Gonzalo O'Farrill pour le remplacer. Les Maures apprirent avec des transports d'allégresse que les fortifications d'Oran avaient été fort endommagées, et, cherchant à profiter de cet avantage, ils firent toutes leurs dispositions pour livrer l'assaut : ce fut pour le nouveau colonel du régiment des Asturies une occasion de faire briller son courage. A la fin, le gouvernement de Charles IV, écoutant les conseils de l'expérience et de la sagesse, abandonna les vieux erremens de nos pères, entraînés trop long-temps par leur haine pour la religion de Mahomet, ou par d'autres vues politiques; il sentit qu'aucun avantage réel commercial, politique ni militaire ne compensait l'entretien coûteux d'une garnison permanente de dix ou douze mille hommes dans cette place, située sur la rive d'Afrique; qu'une irruption semblable à celle de Tarik en Espagne, au commencement du huitième siècle, n'était plus à craindre de nos jours; et pour ce qui était des pirateries des Barbaresques, qu'il serait facile de les empêcher, ou tout au moins de les réprimer, au moyen de quelques bâtimens légers de la marine royale parcourant le détroit dans toutes les directions, et menaçant sans cesse les côtes de l'ancienne Mauritanie. On donna donc l'ordre de faire sauter les fortifications que le tremblement de terre avait épargnées, et la garnison quitta une place arrosée du sang de plusieurs milliers d'Espagnols; théâtre, il est vrai, du courage et de la vaillance de nos ancêtres pendant la durée de trois siècles, mais qui rappelait aussi de tristes et douloureux souvenirs. De retour en Espagne, le régiment des Asturies alla tenir garnison d'abord à Cadix, et ensuite au Ferrol; ce fut à son passage à Madrid, pour se rendre à cette destination, que le colonel O'Farrill fut retenu dans la capitale. On le nomma secrétaire d'une junte de généraux chargés de rédiger un projet de réglement pour l'armée. O'Farrill passa dans cette occupation l'année 1792 tout entière.

La guerre ayant éclaté en 1793 entre l'Espagne et la Convention Nationale de France, O'Farrill fit les campagnes de cette année, et de 1794, dans l'armée de la Navarre, s'y signala par son courage et son activité, prit part à toutes les affaires importantes, et fut blessé dans les combats de Lecumberri et de Tolosa. Il fut nommé maréchal-de-camp à la suite de ces campagnes.

L'armée espagnole ne remporta pas, à la vérité, de grands avantages dans cette partie des Pyrénées; mais la vigilance, l'activité infatigable du général Don Ventura Caro, et le sang-froid et l'expérience de son successeur, le comte de Colomera, réussirent du moins à contenir l'impétuosité de l'armée républicaine. Il n'en fut point de même du côté de la Catalogne. A la brillante campagne de 1793, qui avait livré le Roussillon à l'armée du général Ricardos, succédèrent des pertes considérables dans celle de 1794. L'affaiblissement des troupes espagnoles, par suite des maladies continuelles, l'augmentation des forces de l'armée ennemie, et surtout la vieille et absurde routine, qui, méconnaissant l'importance des mouvemens stratégiques pour la défense des frontières, hérissait soigneusement de batteries et de redoutes les défilés d'une ligne de montagne de dix lieues de longueur, croyant l'armée à l'abri des tentatives de l'ennemi, comme elle aurait pu l'être dans l'étroite enceinte d'une place forte, ou dans un camp retranché ; ces diverses causes, dis-je, amenèrent le désastre du 20 novembre 1794. L'armée vit alors ses redoutables batteries tournées par suite des manœuvres d'un ennemi hardi et entreprenant, à qui il fut loisible de choisir son point d'attaque pour rompre une ligne aussi prolongée. Rien ne fut tenté contre les assaillans ; le général Morla proposa au général en chef de tomber sur le centre de l'ennemi avec un corps de vingt mille hommes, qu'il eût été facile de réunir pour cette opération importante. Les ordres furent en effet expédiés aux commandans des corps ; mais soit qu'ils craignissent d'être forcés dans leurs positions s'ils les dégarnissaient, soit que d'autres considérations les aient détournés de l'exécution de ce plan, l'attaque n'eut point lieu ; et dans cette funeste immobilité on combattit avec de grands désavantages. Le comte de l'Union, ne voulant point survivre à sa défaite, se jeta sur les baïonnettes ennemies, où il trouva une mort glorieuse. L'Espagne perdit un matériel nombreux, qui avait coûté des sommes immenses. Pour comble de malheur, la trahison ou la lâcheté livrèrent au pouvoir de l'ennemi la belle forteresse de San-Fernando de Figuières, sans brûler une amorce, quoiqu'elle eût une garnison de dix mille hommes. L'armée, affaiblie, découragée, se vit forcée d'aller se rallier derrière les murs de la place de Gironne.

Lorsque la nouvelle de ces tristes événemens parvint à la cour, on sentit la nécessité pressante de nommer sur-le-champ un général accrédité jouissant de l'amour et de la confiance du soldat, qui pût ranimer le courage de l'armée, et arrêter les progrès d'un ennemi enorgueilli de ses succès. Don Joseph Urrutia fut désigné à la satisfaction de tous ; car cet officier-général, après avoir fait la guerre dans les armées russes, comme volontaire, avait étudié également l'organisation militaire des autres puissances de l'Europe, et se trouvait ainsi en état de réorganiser notre armée. Mais il ne pouvait pas échapper à la pénétration du nouveau général en chef, que, dans le désordre et le découragement que la défaite avait occasionnés dans nos rangs, tout son savoir et tout le zèle dont il était animé ne suffiraient point pour obtenir les résultats désirables, et qu'il avait besoin d'un chef d'état-major instruit, expérimenté, actif, qui fût l'interprète de sa pensée et l'exécuteur intelligent de ses ordres. Il appela auprès de lui le général O'Farrill. Le succès ne tarda pas à justifier son choix. Quelques mois après, l'armée se trouvait déjà réorganisée comme par enchantement, grâce aux soins assidus et au travail infatigable du chef de l'état-major général. Les soldats espagnols, naguère si découragés, brûlaient d'aller à la rencontre de l'ennemi. Au printemps, quarante-cinq mille hommes d'infanterie, et cinq mille de cavalerie, ayant un train considérable d'artillerie, bien exercés, et parfaitement équipés, menacèrent de nouveau le territoire de la république. Le général O'Farrill les commanda dans l'affaire de Bagnolas, et prit part aussi à celle de Bascara. La Cerdagne fut envahie; Puy-Cerda tomba au pouvoir de l'armée espagnole avec trois mille prisonniers : tout faisait espérer que l'on poursuivrait ces avantages, profitant de l'enthousiasme qu'ils avaient produit chez le soldat. L'on s'attendait à une campagne glorieuse faite d'après la tactique qu'avaient suivie Montemar et le comte de Gages dans les guerres d'Italie, lorsque l'on reçut la nouvelle de la signature des préliminaires de paix à Bâle, le 22 juillet, entre Don Domingo Iriarte, plénipotentiaire du roi d'Espagne, et M. Barthélemy, muni de pleins-pouvoirs de la république française.

Les services que le général O'Farrill rendit pendant cette campagne furent récompensés par sa promotion au grade de lieutenant-général.

Désormais la réputation du général O'Farrill est assurée ; nous le verrons faire partie de tous les comités, son nom figurera avec distinction dans toutes les affaires importantes de l'administration militaire espagnole. Peu de temps après la conclusion de la paix, il fut nommé membre d'une commission de généraux chargés de faire un rapport au Roi sur le recrutement, l'organisation, la discipline, l'administration, et l'instruction théorique et pratique de l'armée. Il paraît que cette junte prépara des travaux fort importans, et qu'elle s'entoura de beaucoup de lumières. « Jamais on ne vit en Espagne une commission de cette nature (ce sont les propres expressions du général O'Farrill), ayant eu plus de moyens à sa disposition, ni sur laquelle on

ait fondé de plus grandes espérances. » Nous
ignorons les causes qui empêchèrent ces espérances de s'accomplir.

La délimitation entre la France et l'Espagne
fut confiée au général O'Farrill, nommé commis-
saire du gouvernement espagnol à cet effet. On
doit conserver dans les bureaux du ministère de
la guerre de Madrid des renseignemens fort utiles
sur cette opération. On lui donna aussi la commission non moins importante de parcourir la
ligne des Pyrénées, et d'y désigner les lieux où
l'on pouvait construire de nouvelles places fortes,
le gouvernement étant dans l'intention de supprimer quelques unes de celles qui existent ac-
tuellement. Pour tracer le nouveau système de
défense et de fortification sur la frontière de
France, on lui associa le général d'artillerie Don
Thomas de Morla, officier du premier mérite, et
jouissant d'une haute réputation de savoir et de
capacité. Les deux commissaires visitèrent en
effet avec tout le soin possible les défilés de la
chaîne de montagnes qui sépare les deux royau-
mes, et ils envoyèrent leurs plans au ministère
de la guerre. Il paraît qu'ils ne furent pas toujours d'accord sur les emplacemens où les nouveaux remparts devraient être élevés. Le général
O'Farrill proposa pour sa part la construction
d'une place forte sur l'Èbre, dans les environs

de la ville d'Haro. Pour ce qui est de l'éminence de Pancorbo, située à peu de distance de la grande route de Vittoria à Madrid, qui avait été indiquée au gouvernement par d'autres militaires, comme fort à propos pour y faire une place de premier ordre, les deux commissaires furent d'avis que la forteresse bâtie sur le sommet de cette montagne escarpée ne pouvait offrir les avantages désirables, et que dans le cas d'une invasion il serait très aisé à l'ennemi de la tourner et de pénétrer dans la Castille.

En 1798, le général O'Farrill fut nommé inspecteur-général de l'infanterie espagnole; mais il n'en exerça les fonctions que quelques mois seulement, un ordre du Roi l'ayant appelé au commandement d'une division de ses troupes destinée à une expédition hors de la Péninsule. En apprenant qu'il avait reçu l'ordre de se rendre en Galice, où l'on ne voyait pas de grands préparatifs de guerre, on le crut disgracié; sa famille en conçut de sérieuses alarmes, mais elle dut bientôt se rassurer, car on lui conservait son emploi d'inspecteur-général pendant sa commission, et c'était une preuve évidente qu'il était toujours dans les bonnes grâces de son souverain. Le roi Charles IV déclara, d'ailleurs, qu'il se trouvait fort satisfait des services du général O'Farrill, quoiqu'à la vérité le monarque gar-

dait le plus profond silence sur le but de l'expédition. Le voici.

Après la paix de Bâle, le gouvernement espagnol, effrayé sans doute des dangers qu'il avait
couru pendant la guerre, ou séduit peut-être
par l'empressement et les caresses des répu-
blicains français, se jeta avec une confiance
aveugle entre les bras de la France. Le cabinet
de Madrid eut l'étrange bonhomie de croire à
la possibilité d'une alliance sincère et durable
avec le gouvernement de la nouvelle république, tourmenté encore par des orages fréquens, fondé sur des principes peu en rapport
avec ceux de la vieille monarchie espagnole,
et travaillé par l'affreuse maladie dont le corps
social était atteint, le scepticisme universel
en fait de croyances religieuses et de doc-
trines politiques. Un traité d'alliance fut signé
à Saint-Ildephonse, le 19 août 1796, par le
prince de la Paix, au nom de Sa Majesté le roi
d'Espagne, et par le citoyen Pérignon, comme
représentant de la république française. Les ar-
ticles 3, 5 et 8 stipulaient le secours réciproque
de quinze vaisseaux de ligne, six frégates, quatre
corvettes, avec des approvisionnemens pour six
mois, dix-huit mille hommes d'infanterie et six
mille de cavalerie; ces secours devaient être
prêts, à la disposition de la puissance qui les de-

manderait, trois mois après la signification de sa demande. *Il ne serait point nécessaire d'entrer dans aucune explication, la demande seule suffisait.* Dans le cas d'une guerre commune aux deux nations, on devrait employer toutes les forces possibles ; la paix ne pouvait pas être signée séparément.

Ce traité avait pour l'Espagne, on le voit, tous les inconvéniens du fameux *pacte de famille,* sans qu'il offrît aucun des avantages de celui-ci, nés de l'homogénéité des deux gouvernemens, aussi-bien que de l'affection sincère et de la parenté qui unissaient jadis les souverains des deux pays. Ainsi, l'Espagne, dont la position géographique est un heureux privilége qui la dispense de prendre part aux querelles des nations du continent de l'Europe, aurait à secourir désormais la république française dans toutes les guerres que pourraient lui susciter les antipathies des Rois ou les caprices et les intérêts passagers des factions dont elle était encore déchirée. Pour cela, il nous fallait lui livrer la nombreuse et magnifique escadre que Charles III avait mis tant d'années à créer, l'armée de terre, et enfin toutes les ressources de la monarchie. Nous nous engagions dans une alliance onéreuse, véritable esclavage, contraire à la dignité et à l'indépendance du pays, alors qu'il aurait fallu profiter de la paix pour mettre de l'ordre dans les finances, pour retremper le courage national, et pour nous mettre en mesure de résister aux exigences de l'étranger. Quand bien même un tel système de politique extérieure eût été commandé par la nécessité, les Espagnols n'auraient pas moins à déplorer à jamais cette époque d'humiliation et d'avilissement de leur nation.

Le Directoire exécutif de la république française faisait alors grand bruit d'une descente en Irlande; il demanda à son allié le roi d'Espagne d'y coopérer avec ses forces maritimes, qui ne tardèrent pas à être réunies, en effet, dans le port de Brest; une division de troupes espagnoles devait faire partie aussi de l'expédition française. Le chevalier d'Azara, ambassadeur à Paris, qui croyait être initié dans les secrets du Directoire, fit remarquer au gouvernement espagnol que le nom irlandais du général O'Farrill le rendait préférable à tout autre pour le commandement de la division expéditionnaire; cet officier ayant d'ailleurs, de l'aveu de tous les généraux de l'armée, la bravoure, l'instruction et la capacité désirables. O'Farrill prit au Ferrol le commandement de la division qui y allait s'embarquer; et dans les instructions cachetées qu'il ouvrit en mer, il trouva l'ordre de se rendre à Rochefort. Aussitôt arrivé dans cette ville, il fit camper ses troupes sur les hauteurs environnantes, pour obtenir ainsi la bonne santé de ses soldats et la conservation de leur discipline. En attendant le signal du départ pour la côte d'Irlande, tous les soins du général O'Farrill avaient pour but de maintenir parmi ses troupes la plus parfaite subordination; et il y réussit si bien, que, pendant le long séjour de ses soldats sur cette terre étrangère, il ne s'éleva aucune plainte sur leur conduite, soit de la part des habitans, soit de la part des autorités civiles et militaires; mais le général O'Farrill attendait en vain chaque jour l'ordre de s'embarquer pour l'expédition projetée.

A la fin, un singulier hasard fit découvrir au chevalier d'Azara, à Paris, que les Directeurs ne songeaient nullement à faire des descentes en Irlande, et que ce projet n'était qu'un leurre pour cacher l'envoi des escadres française et espagnole en Égypte, afin de porter secours à l'armée d'Afrique, ou plutôt dans l'intention de retenir dans cette contrée le général dont la renommée leur causait tant d'ombrage, et qu'on voulait éloigner de la France au prix des plus grands sacrifices. Une jeune et jolie personne vint, un matin, prier Azara de vouloir bien faire parvenir à l'amiral commandant notre escadre à Brest une lettre pour son prétendu, qui était officier à l'armée d'Égypte; car elle avait appris, disait-elle, que les escadres française et espagnole allaient mettre à la voile sous peu de jours pour cette destination. Le vieux diplomate, qui avait la tête toute remplie de l'expédition en Irlande, entendit avec étonnement la demande de la jeune personne; mais, lui cachant sa surprise, il chercha à s'informer de la source où elle avait pris ses renseignemens sur le départ prochain des escadres. Les explications qu'elle donna furent tellement claires et précises, qu'il ne lui resta plus aucun doute sur la vérité de la nouvelle; il la congédia donc, en lui promettant de faire parvenir à son amant la lettre qu'elle lui adressait. Azara, se voyant indignement trompé, se rendit chez les directeurs, qu'il appelait les *avocats*, et il les força d'avouer leurs desseins secrets. Il ne lui fut point difficile de leur faire voir les suites dangereuses qui étaient à craindre; il leur fit sentir que les escadres anglaises étaient prêtes pour donner la chasse à l'escadre franco-espagnole dans la Méditerranée; et que l'on ne pouvait compter sur le succès si le combat venait à s'engager, car les vaisseaux français, surtout, étaient mal équipés, et hors d'état de se mesurer avec ceux de l'Angleterre. Le projet d'envoyer les escadres en Egypte fut donc abandonné, et la division expéditionnaire reçut l'ordre de revenir en Espagne.

A cette époque, le général O'Farrill fut nommé ministre plénipotentiaire de S. M. le roi d'Espagne près la cour de Berlin. Cette nomination eut-elle lieu sur la demande du général lui-même? ou bien par suite d'une de ces intrigues si fréquentes dans les cours pour éloigner les hommes de mérite? ou enfin, le gouvernement espagnol se proposa-t-il un but politique quelconque en envoyant dans cette cour du Nord un général distingué par son instruction et sa capacité? Nous l'ignorons; quoi qu'il en soit, c'était bien servir les goûts et les inclinations du général O'Farrill, si passionné pour tout ce qui avait rapport à sa profession, que de fixer son séjour dans la capitale d'une monarchie militaire, où tout parlait encore des hauts faits du grand Frédéric. Interroger les murs de Postdam, consulter les vieux compagnons d'armes du monarque prussien, recueillir de leur bouche des renseignemens précieux pour l'histoire de l'art militaire, parcourir avec eux les champs de bataille de la Silésie et de l'Allemagne où le moderne César avait immortalisé sa gloire, certes, c'étaient là des occupations pleines de charmes pour le général O'Farrill, et il s'y livra avec délices. Les recherches qu'il fit à ce sujet, aussitôt après son arrivée en Prusse, peuvent être appelées de véritables études de stratégie ; il visita et reconnut en détail tous les champs de bataille célèbres, prit sur les lieux des informations sur la position, la force relative et les mouvemens des armées opposées, jugeant avec sa haute raison, et d'après ses nombreuses connaissances scientifiques, et l'habileté des généraux, et les fautes qu'ils avaient pu commettre. Au reste, la maison du général O'Farrill était, à Berlin, le rendez-vous de la bonne compagnie, attirée par l'aménité de ses mœurs, ainsi que par les grâces et l'amabilité de sa digne compagne. Tout ce que la capitale renfermait de personnes distinguées venait y goûter le plaisir d'une conversation instructive et d'un commerce agréable : on s'y rappelle encore l'estime et l'intérêt dont le roi et la reine de Prusse, ainsi que les princes et les princesses de la famille royale, honoraient le général O'Farrill.

Mais il ne suffisait pas à la sollicitude de ce militaire studieux d'avoir examiné les lieux illustrés par les talens du monarque qui éleva tout à coup le petit électorat de Brandebourg au rang des premières monarchies, les exploits d'un autre capitaine moderne, dont l'extrême jeunesse les rendait presque fabuleux, et qui remplissait alors le monde du bruit de son nom, faisaient battre

son cœur; il brûlait de se rendre sur le théâtre
de la gloire du jeune héros, et de faire le paral-
lèle sévère et impartial entre les deux plus grands
maîtres de l'art stratégique dans les temps modernes. Ayant obtenu de son gouvernement un
congé pour voyager en Europe, il traversa l'Allemagne, et se rendit en Italie, où il visita tour à
tour Rivoli, Arcole, Marengo, et tant d'autres
lieux devenus célèbres par les victoires du général Bonaparte. Il était d'autant plus à même de
pouvoir bien apprécier le mérite des opérations
de ce guerrier, qu'il venait d'entendre, à son
passage en Autriche, l'archiduc Charles et autres
généraux de l'Empereur qui avaient eu à combattre le jeune conquérant de l'Italie, rendre
pleine justice à son habileté et à son génie. Ce
voyage a dû être une des époques les plus heu-
reuses de la vie du général O'Farrill. Possédant
à un haut degré le sentiment du beau et le goût
des arts, avec quel plaisir ne se livrait-il pas,
après l'inspection des champs de bataille tant
anciens que modernes, à l'examen des beaux
monumens dont le sol de l'Italie est cou-
vert! Il importe aussi de faire remarquer qu'en
parcourant les pays étrangers, et visitant avec
soin tous les établissemens utiles, le général
O'Farrill n'était point mu par une curiosité stérile ou frivole, et que toutes les recherches qu'il

faisait étaient dirigées par le patriotisme, sentiment noble, généreux, plein d'amour, qui ne vit que de tendres sollicitudes et de sacrifices. Les yeux fixés sur sa patrie, jaloux de son bienêtre et de sa gloire, aussitôt qu'il voyait une institution avantageuse, une amélioration importante de quelque nature qu'elle fût, il s'empressait d'en informer son gouvernement, en y ajoutant les observations que lui suggérait son zèle.

Le général O'Farrill visita aussi l'Angleterre : il se trouvait à Londres lorsque la nouvelle y arriva de la prise de quatre frégates espagnoles venant de Monte-Video, ayant à bord des trésors considérables, dont une, *la Mercèdes,* sauta en l'air pendant le combat avec sa cargaison et son équipage. Une semblable attaque, faite au sein de la paix, sans aucune déclaration préalable, ne pouvait qu'être considérée comme la plus scandaleuse violation des principes du droit des gens qui puisse souiller les annales d'un peuple civilisé. L'on n'entendait qu'un cri d'indignation d'un bout de la Grande-Bretagne à l'autre contre des ministres assez passionnés pour avoir fait asseoir la perfidie dans le conseil de leur souverain, qui devrait être toujours le sanctuaire de la loyauté et la demeure habituelle de la justice. On les accusait avec raison de justifier par

leur conduite la *foi punique* que les ennemis
de l'Angleterre lui reprochaient sans cesse.

Si les ministres anglais croyaient que sous les
dehors de neutralité le cabinet espagnol était
réellement l'allié ou le vassal de la France, puisqu'il continuait à fournir à celle-ci des subsides,
qui lui facilitaient les moyens de faire la guerre
à l'Angleterre, ils n'avaient qu'à demander à
l'Espagne de renoncer à ce système de politique
préjudiciable aux intérêts de la Grande-Bretagne,
en se déclarant ses ennemis, si elle ne faisait point
droit à ses réclamations. La rupture aurait pu
être alors considérée comme plus ou moins bien
fondée de leur part, mais ils auraient agi, en
tout cas, selon les lois reconnues parmi les nations civilisées. Au lieu de cela, laissant l'Espagne
se reposer avec confiance sur la paix qui régnait
entre les deux peuples, ils ordonnèrent la surprise odieuse des quatre frégates espagnoles,
pour s'emparer non seulement des trésors appar-
tenant au gouvernement, mais même de ceux
qui étaient des propriétés particulières.

On conçoit que pour un Espagnol aussi pa-
triote que le général O'Farrill le séjour de l'Angleterre devait être désormais insupportable. A
peine débarqué sur le continent, il expédia un
courrier extraordinaire à son gouvernement pour
l'avertir de l'armement que les Anglais prépa-

raient contre Buénos-Ayres, et il offrit en même
temps ses services au Roi. Arrivé à Paris, il
demanda aussitôt au général Duroc des lettres
de recommandation pour aller voir l'armée
française, qui menaçait les côtes de l'Angleterre,
et se trouvait alors réunie au camp de Boulogne.
A juger de l'opinion que les généraux français
avaient du général O'Farrill par l'accueil qu'ils
lui firent et par les soins dont ils l'entourèrent,
elle devait être fort élevée. On fit manœuvrer
devant lui la brave division Saint-Hilaire, qui
peu de mois après se couvrit de gloire à Auster-
litz, en contribuant par son courage à rempor-
ter cette victoire éclatante. M. O'Farrill faisait
souvent l'éloge de la précision des mouvemens
et des manœuvres de ce corps. Peu de temps
après, il se mit en route pour Madrid, où il
arriva dans le mois de juin 1805; de là il se rendit à Cadix dans le mois de novembre, où il eut
la douleur de trouver bon nombre d'officiers de
marine de sa connaissance blessés dans le malheureux combat de Trafalgar, livré le 21 octobre
de cette année, parmi lesquels était le brave amiral Gravina. En janvier 1806, il reçut l'ordre
de prendre le commandement de la division
qu'on envoyait en Toscane.

La cour de Madrid dut voir avec contentement
la couronne impériale placée sur la tête de Na-

poléon en 1804. Après avoir eu pour alliés des gouvernemens éphémères, sans aucune sympathie pour elle, et qui s'étonnaient peut-être eux-mêmes d'une semblable alliance, c'était une bonne fortune que la monarchie rétablie en France, le pouvoir confié à des mains qui sauraient le garder, et le trône occupé par un homme qui paraissait passionné pour tout ce qui était noble et grand. C'était sous ce même point de vue que les autres puissances de l'Europe envisagèrent l'élévation de Napoléon et qu'elles y applaudirent; mais à Madrid on se livra à des espérances trop flatteuses. L'on ne saurait croire la confiance sans bornes que l'amitié de Napoléon inspirait à la cour de Charles IV. Lorsqu'à sa rentrée en Espagne, le général O'Farrill entretenait le ministre Cevallos d'un écrit publié tout récemment en France, qu'il lui remit, dans lequel on cherchait à prouver la nécessité de se défaire des Bourbons qui régnaient encore sur quelques États de l'Europe, le ministre lui répondit que le roi Charles IV était sûr de conserver sa couronne tant que Napoléon régnerait. La reine Marie-Louise disait aussi, en parlant de sa fille la reine d'Étrurie : *Je suis sûre que pendant la vie de Bonaparte ma fille conservera ses États.* Confiance fort étrange, assurément, si elle était sincère; car, en supposant même que les intentions de Napoléon à l'égard des princes d'Espagne leur fussent favorables pour le moment, comment pouvait-on s'empêcher de craindre les caprices et les velléités d'un homme aussi puissant, qu'on était fondé à croire ambitieux? Oubliait-on qu'il n'y a jamais eu d'autres garanties de l'indépendance des États que leur force, et que le mot *alliance* a été toujours pour le faible synonyme de celui d'esclavage?

Pour ce qui est de la reine d'Étrurie, Napoléon consentait à la laisser régner dans un de ces petits États d'Italie que le ministre Albéroni appelait des *bicoques,* parce qu'elle ne le gênait nullement. Toutefois l'Espagne, qui tenait beaucoup à la conservation des États de l'Infante, eut à envoyer, en février 1806, une division de ses troupes en Toscane pour y tenir garnison, celles qui l'occupaient ayant été appelées à faire partie de l'armée dirigée contre Naples. On en confia le commandement au général O'Farrill, dont on connaissait les talens militaires, le zèle pour le maintien de la discipline, et surtout l'urbanité et les manières aimables, qualités fort nécessaires, indispensables même dans les rapports fréquens qu'il fallait avoir avec les autorités françaises tant civiles que militaires. A son arrivée à Florence, le 10 février, la Reine voulut lui confier le portefeuille des affaires étrangères; mais

il remercia cette princesse de sa bonté, et il la
pria de permettre qu'il s'en tînt au commandement de sa division, tout en lui offrant ses conseils chaque fois qu'elle daignerait les lui demander. Les troupes espagnoles offrirent en
Toscane, comme elles l'avaient offert naguère
à Rochefort, le modèle le plus parfait de subordination et de discipline : le général O'Farrill
aimait à se le rappeler. Aussi, lorsqu'en 1808
cette division se rendit de la Toscane dans le
nord de l'Allemagne, sur la demande d'un corps
d'armée espagnol faite à l'Espagne par Napoléon, le maréchal prince de Ponte-Corvo, aujourd'hui roi de Suède, donna de grands éloges
à la discipline et à la beauté de tous les régimens
qui la composaient, et rendit ainsi hommage
aux soins et à la vigilance du chef qui avait été
chargé de son commandement. Il remarqua surtout le régiment de cavalerie d'Algarve, que
M. O'Farrill mit un soin tout particulier à exercer en Étrurie, et il le fit rester dans son quartier-général, attaché au service près de sa personne. (1)

(1) Cette circonstance empêcha le régiment d'Algarve
de s'embarquer avec le marquis de la Romana. Il n'y eut
qu'un détachement, en mission hors du quartier-général,
qui chercha à se sauver ; mais ayant appris à temps sa dé-
sertion, il fut cerné par des forces considérables. L'officier

Ici nous touchons à celui des actes du règne
de Charles IV qui déchaîna les tempêtes sur ce
monarque et sur son auguste famille, et qui
attira au peuple espagnol des malheurs et des
bouleversemens dont il n'entre pas dans notre
sujet d'apprécier la portée ni de mesurer l'étendue. La confiance que le cabinet de Madrid avait
souvent témoignée à Napoléon fit place tout à
coup à des dispositions hostiles contre lui. Le
*Moniteur* inséra à l'improviste une circulaire
adressée par le gouvernement de Charles IV aux
intendans et aux corrégidors, dont la teneur était
conforme à une proclamation du prince de la
Paix aux Espagnols datée du 3 octobre 1806.
On y lisait : « Il faut que le peuple vienne se
ranger sous les drapeaux, et que les riches fas-
sent de grands sacrifices pour les frais de la
guerre, que nous serons peut-être forcés de faire
dans l'intérêt de tous; et comme elle exigera des
efforts extraordinaires, les magistrats auront à
déployer un zèle tout particulier, et se serviront
de tous les moyens propres à exciter l'enthousiasme national, afin de pouvoir entrer avec
gloire dans la lice qui va s'ouvrir. Sa Majesté a

qui le commandait, nommé *Costa*, émigré français, s'avança
alors vers le général qui l'avait cerné, et lui dit : *Mes soldats n'ont fait qu'obéir à mes ordres ; je suis le seul cou-
pable.* Ces paroles finies, il se brûla la cervelle.

la confiance que vous ne négligerez aucun de ceux qui sont en votre pouvoir pour procurer un plus grand nombre de soldats et réveiller le courage généreux de la noblesse (car il s'agit de ses priviléges aussi-bien que de ceux de la couronne), et que vous ferez tout pour atteindre l'un et l'autre but. » Cet appel à la nation espagnole eut lieu au moment où la guerre éclatait entre la France et la Prusse, et bien évidemment dans l'espoir des succès de cette dernière puissance. La fortune se plut à combler son enfant chéri de nouvelles faveurs. Quelques heures de combat suffirent pour faire disparaître à Iéna la puissance militaire créée par le grand Frédéric et pour élever Napoléon à l'apogée de sa gloire.

On ne peut qu'applaudir au vœu manifesté par le gouvernement de Charles IV, de rendre l'Espagne indépendante de la France; mais autant cette pensée était louable et patriotique, autant on manqua, il faut l'avouer, de prévoyance et de courage lorsqu'il s'agit de la mettre à exécution. A quoi bon ce manifeste timide, qui représentait la guerre tantôt comme incertaine, tantôt comme résolue? Au lieu de cette perplexité funeste, de ces formes dubitatives qui ne devaient pas moins entraîner la rupture, que ne faisait-on camper nos armées au pied des Pyrénées? Pourquoi braver par des menaces un ennemi redoutable, si l'on devait en rester là par crainte ou par impuissance? Pareil jugement doit être porté sur la détermination prise après la bataille de Iéna de se jeter aux pieds de Napoléon : ce parti était le plus mauvais de tous. La guerre était mille fois préférable. La Russie était venue au secours de son alliée; elle se battait sur les frontières de la Prusse; notre déclaration de guerre offrait ainsi quelques chances de réussite. Mais que pouvait-on attendre d'un ennemi victorieux et qui venait d'être offensé, si ce n'était du mépris à la vue de notre lâcheté? On connaissait mal le caractère de Napoléon, disons mieux, on oubliait la nature du cœur humain, lorsqu'on se flattait que celui-là se laisserait prendre à nos protestations d'amitié, et qu'il croirait à l'excuse dérisoire que les armemens de l'empereur de Maroc avaient rendu nécessaires nos préparatifs de guerre. Implorer la clémence de Napoléon dans de telles circonstances, c'était accepter l'esclavage et le déshonneur.

On ne fut pas long-temps à s'en apercevoir. Il nous demanda une armée de vingt mille hommes, que nous nous empressâmes de lui envoyer sous les ordres du marquis de la Romana. Plus tard il exigea qu'un corps d'armée de la même force entrât en Portugal et fût mis à la disposition du général en chef de l'armée française. Il cherchait ainsi à laisser l'Espagne sans soldats et livrée entièrement à sa merci. La division qui était en Toscane appela aussitôt son attention. Il donna ordre au vice-roi d'Italie de réunir des troupes sur le Pô. Un aide-de-camp du prince Eugène arriva à Florence, et somma le général O'Farrill de séparer les régimens de sa division, et de les mettre dans des cantonnemens qu'il lui désigna, menaçant de l'y contraindre par la force en cas de refus. Le motif pour ces précautions de la part de la France était la crainte que les Anglais ne débarquassent à Livourne, occupée par les troupes espagnoles. O'Farrill répondit à l'aide-de-camp du vice-roi qu'il assurait sur l'honneur n'avoir aucune instruction dans le sens de la proclamation du prince de la Paix ; qu'il allait demander des ordres à Madrid pour la conduite qu'il aurait à tenir par la suite ; il ajouta que si malgré cette déclaration franche et explicite on faisait des démonstrations hostiles, il irait s'enfermer dans la place de Livourne, et qu'il prendrait là les résolutions qu'il jugerait convenables. Il paraît que l'on se contenta de ces explications, et que, se reposant sur sa loyauté, on renonça à l'idée d'envoyer des troupes contre lui. La division espagnole était de six à sept mille hommes ; elle reçut bientôt l'ordre de se rendre dans le nord de l'Allemagne ; le général O'Farrill resta à Florence.

Après la bataille d'Iéna, Napoléon marcha toujours de succès en succès, et il finit par signer à Tilsit une paix glorieuse. Ce fut sur les bords du Niemen que l'on entendit parler pour la première fois de la division de l'Europe en deux empires d'Orient et d'Occident ; ce n'était plus un secret pour personne que celui-ci s'étendrait jusqu'au détroit de Gibraltar. Heureusement pour l'Espagne, et, disons-le, heureusement aussi pour la liberté de l'Europe, la vengeance, qui était gigantesque comme l'ambition chez cet homme extraordinaire, l'aveugla entièrement, et l'excès de son ressentiment l'éloigna du but qu'il aurait dû se proposer dans l'intérêt de son peuple ainsi que dans celui de sa propre gloire. Deux moyens s'offraient à lui pour obtenir satisfaction de l'Espagne, et tout homme sage aurait choisi l'un d'eux à sa place ; savoir : de s'adresser au monarque espagnol, dont il connaissait la droiture et l'honnêteté, se plaignant à lui d'une agression aussi inattendue et aussi contraire aux protestations d'amitié de son gouvernement, dans laquelle il se serait peut-être trouvé engagé malgré sa volonté, ou bien, si une telle démarche pouvait paraître pusillanime, indigne du conquérant altier dont le front venait d'être tout récemment encore ombragé de nouveaux lauriers, déclarer franchement la guerre au roi d'Espagne, et lui demander une prompte satisfaction les armes à la main. Chacun de ces deux moyens menait droit au but. L'empereur des Français aurait pu retirer de grands avantages d'une convention avec le souverain qui possédait le Nouveau-Monde, et il aurait obtenu une pleine réparation de ses griefs. Sa destinée en avait autrement ordonné.

Au lieu de suivre un des deux moyens indiqués, il se jeta aveuglément dans un système odieux de lâcheté et de fourberie, qui ternit sa gloire et lui fit perdre sa couronne. Une des combinaisons qui formaient son plan machiavélique tendant à s'emparer de l'Espagne et tromper le roi Charles IV sur le sort qu'il lui réservait, fut un traité entre ces deux gouvernemens, par lequel le Portugal était partagé entre la France, la reine d'Étrurie et le prince de la Paix, que l'on créait souverain de la province des Algarves. Au moyen de cette convention, les troupes françaises traversaient librement l'Espagne pour se rendre sur le territoire portugais. Napoléon avait la facilité d'inonder de ses nombreuses légions le sol des deux Castilles. Telles furent les dispositions principales du traité de Fontainebleau, signé le 27 octobre 1807 par le général Duroc et le conseiller d'État espagnol Izquierdo. En exécution de ce traité, la reine d'Étrurie dut quitter la Toscane et se mettre en route pour se rendre dans ses nouveaux États. Le général O'Farrill l'accompagna. De tristes pressentimens oppressaient son âme sur la destinée de son pays. La conduite de Napoléon n'était point franche : l'avenir était sombre. Chose singulière! contraste bizarre, qui signala les événemens de cette époque! tandis que tout homme doué de quelque prévoyance en Europe tremblait pour la destinée de nos princes, et les voyait pris dans les filets de la politique astucieuse de Napoléon, ceux qui étaient en Espagne les plus intéressés à pénétrer les vues de ce monarque puissant, se reposèrent long-temps avec confiance sur la foi de ses protestations et de ses promesses. Parmi les personnes qui entouraient l'Empereur, il n'y en avait pas une seule qui ne regardât la perte de la famille royale d'Espagne comme chose résolue. Le général O'Farrill apprit que le cardinal Maury, courtisan fort assidu, comme on sait, aux Tuileries, et bien au fait des bruits qui y circulaient, écrivait à une personne attachée à la légation française à Florence, « qu'il ne restait au monarque espagnol d'autre parti à prendre que de se retirer au Mexique avec sa famille ; et quant à la reine d'Étrurie, qu'elle était dans le cas de se mettre sous la protection de l'Empereur, comme sa fille aînée dans la création qu'il avait faite des trônes en Europe. » Le cœur navré de ces sinistres présages, M. O'Farrill traversa le midi de la France, où les réticences et les demi-mots de plusieurs fonctionnaires français durent le confirmer dans ses craintes. La fille de Charles IV arriva enfin à Aranjuez peu de jours avant la révolution qui fit descendre du trône son malheureux père.

Le général O'Farrill revoyait sa patrie dans des circonstances fort critiques. Non seulement le gouvernement, mais la nation tout entière, commençait à éprouver les plus vives alarmes sur les intentions de Napoléon. Après avoir fait occuper le Portugal par l'armée du général Junot et les divisions espagnoles dont la coopération avait été stipulée dans le traité de Fontainebleau, il faisait entrer encore des nouveaux corps d'armée en Espagne par les frontières de la Catalogne et de la Biscaye. A la vérité, l'article 6e de la convention secrète ajoutée à ce traité autorisait la France à réunir quarante mille hommes sur la frontière d'Espagne; mais ces forces ne devaient la traverser que dans le cas où les Anglais enverraient des secours de troupes en Portugal, et cela n'avait pas encore eu lieu.

Le général d'Armagnac surprit, dans le mois de février, la citadelle de Pampelune par une de ces ruses qu'on a employées quelquefois à la guerre, mais dont il n'y avait eu aucun exemple entre des nations amies et alliées. Bientôt après on se servit d'un moyen semblable pour surprendre la citadelle de Barcelonne. Le 29 février, le général Lecchi, sous prétexte de rendre visite au gouverneur espagnol, se fit suivre par un nombre considérable d'aides-de-camp et d'ordonnances, lesquels facilitèrent l'entrée à un corps de vélites qu'on avait placé à dessein tout près de la forteresse. Le duc de Mahon, commandant général de Guipuzcoa, s'était noblement refusé à remettre la place de Saint-Sébastien entre les mains des Français, malgré les démarches réitérées de leurs généraux; mais le gouvernement ayant pris connaissance d'une lettre adressée par Murat au duc, dans laquelle il le rendait responsable de la mésintelligence qui pouvait s'ensuivre entre les deux nations, il donna ordre à celui-ci d'y laisser entrer les troupes françaises. Cinquante mille hommes s'avançaient sur la grande route d'Irun à Madrid, commandés par Murat, ayant sous ses ordres le maréchal Moncey et le général Dupont. Lorsque l'on demandait aux généraux et aux officiers de cette armée contre qui ces forces imposantes étaient dirigées, ils répondaient avec le sérieux le plus imperturbable, qu'elles allaient occuper la côte d'Afrique; dérision amère de l'excuse donnée naguère sur nos armemens.

Tant d'indices, ou plutôt tant de preuves évidentes de la mauvaise foi de Napoléon, finirent par dessiller les yeux de Charles IV. Il avait probablement reçu aussi d'autres avis donnés par des Espagnols fidèles sur les intentions de la France. La voix de l'honneur se fit entendre. L'on songea à réunir une armée pour défendre le Roi et arrêter la marche des Français. Aussitôt après l'arrivée d'O'Farrill à Aranjuez, avec la reine d'Étrurie et son fils, le prince de la Paix lui ayant offert la place de gouverneur du jeune Roi, et le général ne se montrant pas disposé à l'accepter, sur le motif qu'il n'aimait point la vie des cours, et qu'il préférait tout autre emploi dans la carrière militaire, le prince lui dit : « Puisque vous êtes toujours épris de la profession militaire, tenez-vous prêt pour aller prendre le commandement de l'armée qui va être réunie sur les frontières de Galice, car il faudra nous battre contre les Français, dont les mauvaises intentions ne sont plus douteuses. — Je le vois aussi, répliqua O'Farrill, mais vous vous en êtes aperçu un peu tard. » Le lendemain, le général Samper, l'un des chefs de l'état-major général, vint chez O'Farrill. Le dialogue suivant s'établit entre eux : « Qu'avez-vous dit au prince de la Paix, car je l'ai vu fâché contre vous ? — Je lui ai dit ce que vous auriez dû lui dire il y a long-temps. — Mais enfin les ordres sont donnés maintenant pour que les troupes qui sont en Portugal reviennent à marches forcées ; nous tâcherons d'arrêter les Français à Somosierra et à Guadarrama, si nous pouvons. — On ne le pourra pas. — Cependant les régimens qui ont passé la frontière se composent presque tous de jeunes conscrits ; on en voit fort peu qui soient décorés de la Légion-d'Honneur. — Cela ne fait rien : les officiers, les sergens et les caporaux sont des vieux soldats ; les conscrits, quoique novices, étant bien commandés feront leur devoir. Il ne faut point songer à se défendre sur les montagnes de Guadarrama et de Somosierra : c'est dans la Galice et dans l'Andalousie que nos troupes devront se réunir ; nous aurons ainsi le temps de compléter nos régimens et de les exercer ; nous opposerons alors une vive résistance à l'armée française, ce qui serait impossible pour le moment. Dites au prince de la Paix que je suis prêt à partir pour la Galice ce soir même, s'il veut. »

C'était très tard, en effet, pour pouvoir arrêter le mouvement de l'armée française, qui s'avançait sur la route de Burgos. Les divisions espagnoles avaient été rappelées de Portugal; mais le capitaine-général de l'Estramadure, Carrafa, écrivait que le duc d'Abrantès n'était point disposé à laisser partir celles de nos troupes qui étaient à Lisbonne. Le général Taranco, qui commandait à Oporto, aurait pu réunir douze à quatorze mille hommes, et se porter rapidement sur les frontières de la vieille Castille pour menacer le flanc de l'armée de Murat par Salamanque ou par Léon; mais il lui fallut du temps pour rassembler et organiser ses troupes disséminées dans plusieurs cantonnemens, et de plus, il eut à délibérer s'il ferait mettre bas les armes aux détachemens français qui se trouvaient dans les provinces d'*Entre-Duero et Miño*, et de *Tras-los-Montes*, comme il le fit en effet. La division du général Solano fut la seule qui pût arriver à Talavera de la Reyna au moment de la révolution d'Aranjuez. Cependant, malgré les obstacles qui empêchaient ou qui retardaient la réunion de toutes nos divisions, il nous restait encore la possibilité de former une armée de cinquante mille hommes sur la frontière de l'Andalousie. Solano s'avançait sur le Tage avec sa division, dont la force était de huit mille hommes; la maison du Roi et la garnison de Madrid présentaient un effectif de seize mille hommes.

Le général Carrafa envoyait plusieurs régimens qui étaient en Estramadure. En levant le camp de Saint-Roch, et en rappelant les troupes qui étaient en garnison dans les villes de l'Andalousie, on avait la certitude que l'armée atteindrait bientôt le nombre indiqué. Si l'armée de Murat s'avançait donc sur Madrid, la cour n'avait qu'à se retirer vers la Sierra-Morena; elle y aurait pu organiser des nombreux moyens de défense, ainsi que le général O'Farrill et les généraux chefs de l'état-major de l'armée l'avaient proposé.

Toutefois, pour que ce plan eût été exécuté avec succès, il fallait s'ouvrir franchement au peuple espagnol sur les vues perfides de Napoléon. On ne pouvait tenter une résistance efficace contre lui sans l'enthousiasme et la coopération des masses. Les mesures militaires que nous venons d'indiquer étaient fort sages assurément, mais combien d'efforts ne devait-on pas attendre de la population espagnole, si fidèle, si attachée à ses Rois! Avec quelle force la fibre de l'honneur national n'eût-elle point vibré dans les cœurs des Espagnols, lorsque le roi Charles eût déclaré que le but des Français était de s'emparer de la famille royale, ou de la forcer de quitter le royaume! Qu'ils voulaient faire de la vaste monarchie espagnole une préfecture de l'empire, et que Napoléon la regardait déjà comme un pays de conquête, livré à la domination et à l'avidité de ses proconsuls! A la seule pensée qu'une destinée aussi ignominieuse fût possible, la nation se serait levée tout entière; les ombres de nos ancêtres auraient tressailli d'indignation dans leurs tombeaux. L'impulsion pour la résistance venant d'un point central, l'autorité du Roi, l'action de tous les ressorts aurait été uniforme, régulière, sans aucune des convulsions qui accompagnent toujours les guerres populaires, lorsqu'elles ne sont point dirigées par un pouvoir fermement établi.

Mais au lieu de prendre cette résolution noble, courageuse, on hésitait sans cesse : on laissait entrevoir un instant la velléité de se défendre, pour retomber aussitôt dans la funeste chimère de l'alliance, et même de l'affection de Napoléon. On recommandait aux autorités des provinces de maintenir la meilleure harmonie avec les troupes françaises, en leur répétant chaque jour que les deux cours étaient intimement liées. Le gouvernement ne montrait certainement pas de l'humeur guerrière, lorsqu'en date du 13 mars, il disait au capitaine général de la Vieille-Castille, Horcasitas, qui venait de l'avertir des mouvemens des corps d'armée de Moncey et de Dupont dans la direction de la capitale : *Sa Majesté n'a donné aucun motif pour cette agression, et elle veut en attendre tranquillement le résultat.* Le 15 mars, deux jours avant la révolution d'Aranjuez, et au moment où les troupes de la garnison de Madrid allaient se replier sur cette résidence royale, devant l'armée française arrivant par la route de Somosierra, on ordonnait au gouverneur du conseil de Castille de faire paraître une proclamation adressée au peuple de la capitale, pour lui annoncer que la retraite des troupes était une mesure de précaution tendant à prévenir des malheurs dans une ville sans défense; mais *que l'alliance entre le Roi et l'Empereur des Français était toujours inaltérable.* On connaît la cause de cette funeste irrésolution. Lorsque l'histoire développera toutes les circonstances qui influèrent sur les tâtonnemens du cabinet d'Aranjuez, elle révélera peut-être aussi les moyens mis en œuvre par Napoléon pour lui laisser toujours une lueur d'espérance, malgré des actes incontestables d'une hostilité évidente; elle dira les ressorts secrets, les caresses, les menaces qu'il employa tour à tour pour atteindre son but. Quoi qu'il en soit, l'irrésolution du gouvernement de Charles IV, et surtout son inconcevable silence au moment où une armée étrangère, reçue comme amie, s'avançait insolemment sur la capitale pour y dicter des lois, mirent le comble à la désaffection et au ressentiment qui existaient déjà contre lui. La révolution d'Aranjuez eut lieu le 17 mars : Murat entrait dans Madrid le 23 du même mois.

Un des premiers soins de Ferdinand VII à son avénement à la couronne, fut de s'entourer des hommes jouissant de l'estime et de la considération du pays. Azanza, ex-ministre de la guerre, qui avait été aussi vice-roi du Mexique, homme généralement estimé ; Jovellanos, confiné depuis plusieurs années dans la chartreuse de Majorque, et plusieurs autres personnes recommandables reçurent l'ordre de se rendre aussitôt à Madrid, pour aider de leurs conseils le gouvernement du nouveau Roi. Quant au général O'Farrill, il fut nommé directeur général de l'artillerie : quelques jours après, on l'appela au ministère de la guerre. Cependant les événemens se pressaient. Ferdinand VII, Charles IV et Marie-Louise, les princes leurs fils, la reine d'Étrurie, l'infant don Antonio, furent tour à tour attirés à Bayonne. L'Europe sait assez de quelle manière nos princes y furent traités par Napoléon, et comme il déroula devant eux le plan de politique perfide qu'il avait tenu secret jusque-là. Les bornes de cette *Notice* ne permettent point d'expliquer ni de justifier en détail la conduite politique du général

O'Farrill, en sa qualité de ministre de la guerre et de membre de la junte suprême de gouvernement créée lors du départ de S. M. Ferdinand VII pour aller au-devant de l'Empereur. Mais nous ne pouvons passer sous silence la manière dont cette junte fut créée, parce qu'elle prouve la modestie, la bonne foi et la prudence du général O'Farrill. La veille du départ du Roi de Madrid, il fut question dans le conseil des ministres présidé par Sa Majesté, auquel assistèrent MM. le duc de l'Infantado et Escoiqniz, de la manière dont on organiserait le gouvernement pendant son absence. Escoiqniz y fit la proposition qu'O'Farrill, en sa qualité de ministre de la guerre, pourrait s'entendre avec le grand-duc de Berg, général en chef de l'armée française, pour les affaires qui pourraient survenir; mais O'Farrill ayant fait remarquer que les rapports avec le grand-duc de Berg embrasseraient nécessairement toutes les affaires de l'administration, et qu'il n'était point disposé à se charger tout seul d'une aussi grande responsabilité, Sa Majesté ordonna la création d'une junte suprême de gouvernement, présidée par l'infant don Antonio.

Les circonstances devinrent fort difficiles. Ceux des lecteurs qui voudront apprécier la conduite du général O'Farrill au milieu des événemens de cette époque, pourront lire le *Mémoire justifi-*

*catif* publié en 1814 par le général et par son vertueux collègue don Miguel Joseph d'Azanza, ministre des finances, et membre aussi de ladite junte de gouvernement, lequel agit toujours d'accord avec lui pour toutes les résolutions essentielles qu'ils furent dans le cas de prendre dans des momens aussi critiques. C'est un noble monument de la véracité, de la candeur, du patriotisme et de la loyauté de ses auteurs. A la vérité, il ne saurait avoir désormais de l'importance comme écrit apologétique, car qui pourrait mettre aujourd'hui en doute la loyauté de MM. Azanza et O'Farrill, après tant d'éclaircissemens que le temps a fournis? Mais cet ouvrage offrira toujours le plus vif intérêt comme document historique, puisque la relation des événemens s'y trouve tracée par ceux-là mêmes qui étaient chargés de la direction des affaires publiques. C'est ce qui nous a déterminé à en insérer ici quelques fragmens, persuadé que nous sommes qu'ils jetteront un grand jour sur la ligne de conduite suivie par le général O'Farrill. Le lecteur sera d'autant plus aise de connaître ce livre, à la fois intéressant et par son sujet et par la célébrité de ses auteurs, qu'il passa à peu près inaperçu au milieu des grands événemens de 1814, époque de sa publication. Une autre considération rend cet ouvrage extrêmement précieux, c'est qu'il n'a trouvé aucun contradicteur parmi ses contemporains, quoiqu'il ait paru dans un temps où les passions étaient encore fort exaltées; il n'y a pas un seul fait parmi tous ceux qui y sont rapportés, qui ait été contesté par personne. Jamais l'historien des événemens de cette époque ne pourra puiser à une source plus pure ni plus authentique. (1)

Napoléon attendait avec impatience l'arrivée d'un courrier lui annonçant qu'à l'approche de son armée de la capitale de l'Espagne, la famille royale s'était empressée de chercher un refuge à bord des bâtimens de l'escadre de Cadix, et qu'elle se rendait dans une des vastes colonies d'Amérique, ainsi que les princes de la maison de Bragance venaient de le faire à Lisbonne devant le corps d'armée commandé par le duc d'Abrantès. Quel dut être son désappointement, lorsqu'au lieu de la fuite de la famille royale, qu'il regardait comme certaine, et qui l'aurait laissé maître de toute l'Espagne, on vint lui annoncer que le peuple d'Aranjuez, réuni aux régimens de la maison du Roi, s'était opposé au départ pour Cadix, que Charles IV avait abdiqué, que le prince des Asturies avait

_______________

(1) Ce Mémoire se trouve en espagnol et en français, *chez Debure frères, libraires de la Bibliothèque du Roi, à Paris, rue Serpente, n° 7.*

été proclamé Roi au milieu de transports d'une allégresse inexprimable, et que son avénement était salué par les acclamations de tous les Espagnols! L'échafaudage de ses projets et de ses vues ambitieuses s'écroula tout d'un coup. Mais son orgueil ne pouvait que s'irriter de cet obstacle imprévu ; et inébranlable dans sa résolution de détrôner les Bourbons, jaloux de faire entrer l'Espagne dans l'orbite de cet empire d'Occident dont la création lui avait tant souri à Tilsit, il eut à recommencer ses manœuvres sur un plan entièrement nouveau. Celui qu'il choisit se trouvait hérissé de bien grandes difficultés.

L'idée à laquelle il s'arrêta d'abord, fut d'arracher au roi Charles IV une protestation contre l'abdication qu'il venait de faire de la couronne en faveur de son fils, croyant jeter par là la division dans les esprits, et faire naître des intérêts opposés. Quelle méprise étrange ! quelle inconcevable faute ! L'affection que les Espagnols portaient au prince des Asturies n'était pas simplement cette popularité banale qui accompagne toujours les héritiers présomptifs ; elle était fondée sur des motifs particuliers qui inspiraient le plus vif intérêt pour lui. Napoléon le savait : il y a plus ; il avait contribué beaucoup lui-même à exalter les sentimens du peuple en faveur de ce prince. Dans la liberté rendue à celui-ci à l'Escurial, par suite de l'intervention de l'ambassadeur de France, les Espagnols avaient cru voir un témoignage non équivoque de l'amitié de l'Empereur, un gage d'union entre les deux nations pour l'époque où le prince des Asturies monterait sur le trône. Et c'était au moment où ces chères espérances paraissaient sur le point de s'accomplir, et lorsqu'on s'attendait à voir bientôt une alliance intime entre la France et le jeune monarque espagnol, que Napoléon venait s'opposer au torrent des sentimens et des affections, qui était en partie son ouvrage! Pouvait-on se jouer à ce point de l'attachement du peuple de la Péninsule, qui est si vrai, si passionné dans toutes ses affections? L'histoire offrira peu d'exemples, je crois, d'une démarche aussi inconsidérée, d'une résolution aussi préjudiciable et aussi impolitique. Cependant Murat, armé de la protestation de Charles IV, et bien décidé à la faire enregistrer par force, s'il n'y avait d'autres moyens de le faire légalement, chercha à effrayer les ministres de Ferdinand VII. Voici la relation de MM. Azanza et O'Farrill sur les menaces du grand-duc de Berg, et sur les réponses qu'ils lui firent.

« Le grand-duc manda auprès de lui O'Farrill pour lui reprocher l'assassinat de quelques soldats français par des Espagnols, et lui dit que les habitans de Madrid ne dissimulaient plus leur haine pour les Français; que les gardes-du-corps contribuaient à les animer contre eux; que l'on avait rassemblé en Aragon jusqu'à cent mille fusils, et que le général marquis du Socorro n'avait point reçu l'ordre d'obéir au général Junot, comme on l'avait annoncé. O'Farrill répondit à tout, et pulvérisa tous ces prétendus sujets de plainte (1), dont la plus grande partie n'étaient qu'un prétexte pour en venir à lui déclarer qu'il avait ordre de l'Empereur de ne reconnaître, en Espagne, d'autre souverain que Charles IV, et qu'il se proposait de l'annoncer par une proclamation qu'il avait déjà rédigée, et dont il lui présenta le manuscrit. On y lisait que le roi Charles déclarait son abdication arrachée par la force; qu'il l'avait annoncé ainsi à son haut et puissant allié l'Empereur, sur l'appui de qui il comptait pour remonter sur le trône, persuadé qu'il retrouverait dans ses sujets la même obéissance et la même fidélité dont ils lui avaient donné tant de preuves depuis qu'il régnait sur eux.

(1) Quant au marquis du Socorro, le général O'Farrill aurait pu faire voir à Murat les ordres qui lui avaient été transmis le surlendemain de la révolution d'Aranjuez par le ministre de la guerre Félien. Il lui était expressément ordonné de rentrer dans ses anciens cantonnemens, et d'y être sous les ordres du duc d'Abrantès.

« O'Farrill, après avoir pris lecture de cette proclamation, ne balança pas un seul instant à déclarer au prince Murat qu'elle ne serait obéie par aucune des autorités, et moins encore par la nation, qui déjà, et dans la forme la plus solennelle, avait reconnu pour roi Ferdinand VII. Le grand-duc répondit que le canon et les bayonnettes l'obligeraient à obéir. O'Farrill répliqua sur-le-champ que Son Altesse était le maître de recourir immédiatement à ces moyens violens, vu qu'on pouvait opter indifféremment entre les bayonnettes et la proclamation, et que le résultat serait toujours le même. Le prince rompit l'entretien, laissant O'Farrill seul avec le comte de Laforest ; et revenant un moment après, il lui demanda s'il persistait dans son opinion. O'Farrill lui protesta qu'il était loin d'en changer, en répétant que si l'Empereur était capable de fonder sa gloire sur les ruines de l'Espagne, il pouvait choisir indifféremment entre la proclamation et les bayonnettes. Il ajouta que l'on ne devait pas perdre de vue que le sort de l'Espagne ne dépendait pas de celui de la capitale, et que la monarchie espagnole dépendait encore moins de l'Espagne seule ; il démontra que ce plan serait si impolitique de la part de l'Empereur, que les Anglais, avec qui il était en guerre, lui sauraient un gré infini de l'avoir adopté. Cet argument amplifié, et renforcé par tout ce que l'énergie du sentiment le plus vrai put inspirer à O'Farrill, termina la conférence; le prince conclut, en disant qu'il traiterait cette affaire avec la Junte, à laquelle O'Farrill, ayant pris congé de lui, fut immédiatement faire son rapport.

« La Junte de gouvernement, informée de ce qui s'était passé, reçut, étant en séance, un message du grand-duc, qui lui enjoignait de nommer deux de ses membres pour conférer, le même soir, avec lui sur une affaire de la plus haute importance; le choix de la Junte désigna Azanza et O'Farrill. La conférence dura quatre heures; M. le comte de Laforest y assista. L'importance de cet entretien oblige les auteurs de ce Mémoire à entrer dans quelques détails, d'autant mieux qu'ils sont persuadés d'y avoir défendu, avec toute l'énergie que l'on pouvait attendre d'eux, les prérogatives du trône et les principes sur lesquels repose le bonheur des États. Le grand-duc et M. de Laforest s'efforcèrent de leur prouver que l'abdication du roi Charles avait été forcée (1); que, par conséquent, il était pleinement en droit de reprendre sa couronne,

______

(1) Nous ferons remarquer au lecteur que lors de la publication de ce *Mémoire*, Murat régnait à Naples. Quant à M. le comte de Laforest, il vit encore.

et que ce souverain, ayant manifesté à l'Empereur qu'il protestait contre l'acte de sa renonciation, et ayant réclamé sa protection, celui-ci ne pouvait voir avec indifférence que le souverain d'un pays limitrophe, son ami et son allié, fût contraint de descendre du trône par la désobéissance de sa garde ou par un mouvement populaire. Azanza et O'Farrill discutèrent en détail toutes les objections que le grand-duc leur opposa, et lui démontrèrent que le soulèvement du peuple et de la garde avait pris sa source dans la crainte de voir le Roi et la famille royale abandonner l'Espagne pour passer en Amérique, comme on ne l'avait déjà que trop répandu; que, dans les momens même de la plus grande effervescence populaire, on n'avait signalé ni insultes ni menaces, ni le moindre oubli du respect dû à la majesté royale; que le Roi avait fait pressentir son abdication avant même les troubles d'Aranjuez; que l'état de sa santé avait pu le porter à cette démarche, qu'il l'avait ainsi déclaré au corps diplomatique, à toute la cour, au conseil de Castille, et le conseil à la nation; enfin, que les lois et les usages établis dans de pareils cas ne laissaient pas le souverain qui avait abdiqué maître de remonter sur le trône par le simple énoncé de sa volonté, lorsque son fils, et son héritier légitime, était déjà reconnu, et que ce retour exigeait d'autres formalités dont on ne pouvait, en Espagne, négliger l'accomplissement. Ils mirent fin à leurs longs raisonnemens, en protestant au nom de la Junte, et en se déclarant non responsables des malheurs qui seraient la conséquence inévitable, immédiate, de la mise à exécution d'un semblable projet.

« Quoique le grand-duc de Berg, sans s'arrêter à ces réflexions, déclarât qu'en sa qualité de général de l'armée de l'Empereur, il devait exécuter ses ordres sans aucune restriction, et que s'il en résultait quelque mal, la Junte en serait responsable, l'énergie des représentations qui lui furent faites ne laissa pas de mettre des bornes à sa vivacité et à l'étendue de ses projets. Ces réponses furent approuvées par la Junte; et quant à la réplique verbale qu'elle se décida à donner au grand-duc, et dont elle chargea Azanza et O'Farrill, elle contenait la déclaration, 1°. que c'était le roi Charles IV, et non le grand-duc de Berg, qui devait communiquer à la Junte sa résolution de reprendre les rênes du gouvernement, et que la Junte se bornerait à répondre au roi Charles qu'elle avait reçu sa lettre, et qu'elle en donnait connaissance à S. M. Ferdinand VII, dont elle continuerait à suivre les ordres comme par le passé; 2°. que le roi Charles, qui était déjà décidé à se rendre à Bayonne, ne devait

exercer dans son voyage aucun acte de souverai-
neté; 3°. que l'on tiendrait cette affaire dans le
plus profond secret d'une et d'autre part, et
qu'elle ne serait rendue publique ni par un ordre
du jour de l'armée, ni d'aucune autre manière.
Le grand-duc offrit, de son côté, de se rendre en
personne à l'Escurial, d'informer Charles IV sur
tous les points, et de l'engager à n'en faire part
à personne. »

La conduite de MM. Azanza et O'Farrill lors
de l'insurrection du peuple de Madrid contre
l'armée française, le 2 mai, mérite d'être rap-
portée ici. On sait que les habitans de la capitale,
profondément blessés de la marche tortueuse
que suivait Napoléon, ainsi que du mépris qu'elle
laissait voir de la dignité, des droits et de la force
de la nation espagnole, ne dissimulaient plus
leur ressentiment ni leurs désirs de vengeance.
Murat avait eu occasion de s'assurer par lui-
même de l'irritation où était le peuple; car il
venait parfois s'offrir très imprudemment à la
vue des Espagnols, si justement renommés par
leur gravité, dans un costume qu'ils n'avaient
plus l'habitude de voir qu'au théâtre. En tra-
versant la *Puerta del Sol* dans son singulier
accoutrement, il avait pu voir et entendre des
signes non équivoques du mécontentement et
de l'exaltation de la multitude. Tout faisait donc

présager une explosion prochaine ; le chef de l'armée française voyait peut-être avec plaisir l'orage se former, puisqu'étant sûr de vaincre, l'insurrection lui paraîtrait une occasion de punir et d'effrayer les habitans, les rendant par là dociles aux volontés de l'Empereur. A la fin, le 2 mai, voyant les préparatifs du départ de l'infant Don Francisco pour Bayonne, le soulèvement éclata ; mais le peuple de Madrid n'avait pris conseil que de son désespoir, et il commença le combat dans les rues sans aucun moyen de se mesurer avec des chances de succès contre une armée nombreuse campée hors de la ville. Tout homme sensé voyait que si l'on ne parvenait pas à calmer la fureur populaire, la destruction de la capitale était inévitable ; MM. Azanza et O'Farrill ne balancèrent point à affronter les plus grands dangers pour la prévenir.

« Pour calmer les esprits, Azanza et O'Farrill commencèrent à parcourir à pied les rues qui aboutissent au palais ; mais voyant que le tumulte allait croissant, et que les rassemblemens, guidés par le bruit répandu que les Infans étaient attaqués, se dirigeaient sur le palais, ils y revinrent eux-mêmes, prirent de nouveaux ordres de l'infant Don Antonio, et montèrent les chevaux des gardes-du corps qui étaient de service, pour pouvoir se porter plus facilement et plus promptement sur tous les points. Tous deux se rendirent d'abord auprès du grand-duc, qui était alors à la tête de ses troupes sur les hauteurs de Saint-Vincent. Ils lui représentèrent que le tumulte populaire n'était pas la suite d'un plan concerté, mais le résultat de faux bruits; qu'il serait facile de ramener l'ordre en arrêtant et la marche et le feu des troupes, et ils s'engagèrent à rétablir la tranquillité, si on leur donnait un des généraux pour les accompagner. Le grand-duc adopta cette mesure, et leur adjoignit le général Harispe.

« Suivis de ce général et d'un petit nombre d'officiers français et espagnols, Azanza et O'Farrill se présentèrent à la porte du conseil de Castille pour lui demander de les aider à calmer la fureur du peuple. Le conseil royal avait déjà préparé à cet effet une proclamation succincte, et fait avertir les autres conseils pour qu'ils concourussent tous à la pacification en parcourant les rues, ce qui eut lieu. L'on se divisa en deux troupes au sortir de la rue d'Atocha.

« A l'arrivée d'O'Farrill dans la rue d'Alcalá, on lui fit remarquer une foule de marchands catalans, arrêtés par des Français, et accusés d'avoir été pris les armes à la main; O'Farrill fit entendre au chef de la troupe française que ces hommes, en raison du trafic qu'ils exerçaient, avaient la permission d'user d'armes à feu et de les garder dans leur domicile ; que le nombre des victimes innocentes immolées ce jour-là n'était déjà que trop considérable. Ces raisons, appuyées par le général Harispe, conservèrent la vie à ces malheureux, et leur fit rendre la liberté aux applaudissemens unanimes du peuple.

« Les conseils se retirèrent après avoir parcouru la partie la plus agitée de la ville, et Azanza et O'Farrill, ayant informé de tout l'infant Don Antonio, retournèrent vers le grand-duc de Berg pour lui demander qu'il retirât ses troupes des points qu'il avait occupés dans la journée ; qu'il rendît libres les communications intérieures, pour que les habitans pussent retourner chez eux, et qu'attendu la publication de l'amnistie générale, on cessât toute disposition hostile. Le grand-duc y consentit ; mais, soit qu'il eût tardé d'envoyer ses ordres, soit que ses officiers ne les eussent pas reçus à temps, ou que, maître absolu de la force armée, il voulût avant de s'en dessaisir effrayer les esprits par de sanglantes leçons, il est certain que cette même nuit on fusilla au Prado plusieurs citoyens arrêtés pendant le tumulte. Leur sang répandu fut une semence de haine et de vengeance ; sentimens trop bien justifiés par une conduite aussi atroce. Le sacrifice de ces victimes fut hâté par une commission militaire française établie le même jour, et que les sollicitations de la Junte firent supprimer le lendemain. Le conseil contribua de son côté à cette suppression par une députation qu'il envoya au grand-duc. »

Mais comment se fait-il, dira-t-on, qu'après des preuves aussi éclatantes de dévouement au Roi et d'attachement à la cause populaire de la part de MM. Azanza et O'Farrill, ne se soient-ils pas mis à la tête de l'insurrection des provinces qui levèrent l'étendard de la résistance contre Napoléon? Pourquoi restèrent-ils à Madrid, et consentirent-ils à devenir ministres de Joseph Bonaparte? Pour pouvoir résoudre complétement ces questions, il faudrait insérer ici le Mémoire tout entier, y suivre les deux ministres dans l'exposition de tous les faits, et saisir l'ensemble des preuves et des raisonnemens qu'ils ont offerts pour leur justification. Néanmoins, les considérations suivantes suffiront, ce nous semble, non seulement pour mettre leur conduite à l'abri de tout reproche, mais encore pour honorer leur mémoire aux yeux de tous les lecteurs impartiaux :

« La junte suprême que Sa Majesté laissa à Madrid sous la présidence de l'infant Don Antonio pour gouverner le royaume pendant son absence, toutes les autorités et les personnes exerçant les premiers emplois, défendirent de commun accord les droits du souverain avec énergie et persévérance; mais la publication des renonciations et des ordres qui enjoignaient à la nation de se soumettre à la nouvelle dynastie, et d'éviter une guerre de désolation; l'idée que l'on ne pouvait avantageusement lutter contre des forces supérieures qui occupaient la capitale et les places principales; la crainte de rendre l'envahissement plus facile par la désunion et l'anarchie, firent considérer cette conquête comme inévitable par une partie de la nation, et l'engagèrent à se soumettre.

« ...... Lorsque les transactions de Bayonne nous eurent enlevé notre Roi, lorsqu'il ne nous resta plus qu'à opter entre l'anarchie et un régime constitutionnel, entre les désastres d'une conquête et les avantages d'un gouvernement indépendant, sur le point d'entreprendre une guerre héroïque, mais de durée longue et incertaine dans ses résultats, il est bien pardonnable d'avoir embrassé le parti de la soumission : et l'on ne pourra jamais nous en faire un crime.

« Qu'il nous soit permis, disent en finissant MM. Azanza et O'Farrill, de soulager notre cœur long-temps oppressé, et de nous plaindre du peu de considération, de l'inconséquence même avec laquelle on s'est efforcé, dès les premiers pas de la révolution, de vouer nos noms à l'opprobre, en les chargeant d'épithètes que nous ne méritâmes jamais, et, ce qui nous fut plus sensible encore, en diffamant jusqu'à nos intentions. Nous, Azanza et O'Farrill, qui toujours avions mérité l'estime de nos souverains et de nos compatriotes; qui jouissions d'une réputation sans tache et d'un crédit de probité et d'amour du bien public qui faisait notre bonheur, et dont nous nous enorgueillissions, nous nous vîmes tout à coup en butte aux injures, et dépeints comme des ambitieux et des gens à vues cupides et intéressées! Devait-on oublier que nous étions parvenus au terme de notre carrière politique, en passant par les emplois de la plus haute confiance et de la plus grande autorité, sans avoir recours à des intrigues pour les obtenir; que jamais, dans les grades les plus éminens, nous ne nous étions écartés de la plus scrupuleuse probité et du désintéressement le plus pur comme le plus notoire? Quelles causes a-t-on pu supposer pour nous attribuer un changement aussi inconcevable? que pouvions-nous nous promettre, ou à quoi pouvions-nous aspirer dans un changement de gouvernement, qui améliorât notre sort ou le rendît plus heureux? En vérité, nous devions croire que notre conduite antérieure établirait une prévention favorable

sur nos intentions, lors même que nous aurions
mal jugé la crise politique où se vit la nation, et
qui nous obligea tous à porter un jugement qui
ne pouvait être basé que sur des conjectures.
Pendant long-temps les nôtres paraissaient être
les mieux fondées : personne n'en pouvait dou-
ter ; mais nous croirions faire preuve d'une va-
nité ridicule, si l'orgueil d'avoir deviné juste
pouvait un seul instant balancer l'allégresse et
l'intérêt sincère que nous éprouvons en voyant
nos calculs démentis et notre Roi sauvé. »

Il n'y a, en effet, aucun reproche à faire à
MM. Azanza et O'Farrill sur leur conduite politique. Les principes qui régissent et conservent
les États ont pu être diversement compris ou
interprétés dans le cas exceptionnel dont il
s'agit, qui fut accompagné de circonstances extraordinaires ; mais la manière différente d'apprécier les dangers que l'État avait à courir, ainsi
que les résultats probables que l'on pouvait attendre de ses efforts, n'a dû exclure la fidélité
ni le patriotisme chez les hommes qui embras-
sèrent des opinions opposées. Tout ce que l'on
avait droit d'exiger dans cette crise de ceux dont
les avis se trouvaient partagés, c'était de la bonne
foi et de la pureté dans les intentions. Or, le
livre de MM. Azanza et O'Farrill fait voir, et
tous ceux qui ont connu personnellement ces

deux hommes estimables ne sauraient non plus le contester, qu'ils possédaient à un très haut degré la droiture du cœur, et qu'ils étaient animés du patriotisme le plus ardent. Puissent les rois de la terre avoir toujours des ministres aussi probes, des conseillers aussi éclairés et des sujets aussi fidèles que ces deux hommes d'État espagnols!

Quant à leur conduite pendant qu'ils ont été ministres de Joseph Bonaparte, il suffira de se rappeler l'état de trouble où se trouvait l'Espagne à cette époque, pour reconnaître qu'il ne leur fut donné que de gémir sur la triste destinée de leur patrie. Le pays tout entier était en proie aux maux d'une guerre dévastatrice; quels remèdes pouvaient-ils y appliquer, puisque le pouvoir qu'ils exerçaient n'était point reconnu dans quelques provinces, ou se voyait entravé dans ses actes, mal affermi, réduit presqu'à la nullité dans celles mêmes qu'occupaient les troupes françaises? Il y aurait, certes, de l'injustice à leur demander un compte sévère sur les résultats de leur administration comme s'ils eussent régi un pays soumis et pacifique. Toutefois, dans le cercle étroit auquel ils se trouvaient bornés, ils travaillèrent constamment pour le bien de leur patrie. Laissons parler un auteur anglais qui écrit l'histoire des événemens militaires de ce temps-là. M. le colonel Napier s'exprime ainsi dans son *Histoire de la Guerre de la Péninsule,* tome III, page 230 : « Les ministres espagnols qui entouraient Joseph étaient des hommes qui avaient épousé leur cause par conviction et par principes, et qui, loin de montrer un zèle ardent en faveur des Français, faisaient voir au contraire un aussi grand attachement pour leur pays que qui que ce fût de ceux-là même qui combattaient pour Ferdinand VII. Chaque fois que les intérêts des Espagnols se trouvaient en opposition avec ceux des armées françaises, ce qui arrivait à tout instant, ils se déclaraient, ainsi que le Roi, en faveur des premiers, et cela avec une telle énergie, qu'on allait à Paris jusqu'à leur supposer l'intention de tomber sur les troupes de l'Empereur. » Pour ce qui est du général O'Farrill en particulier, je tiens de lui-même que Joseph lui dit plus d'une fois : *L'Empereur ne vous aime pas ; il vous croit anglais pour vos affections.* Préjugé qui doit peu nous surprendre de la part de Napoléon ; car il suffisait du nom irlandais du général O'Farrill pour exciter cette prévention chez lui, disposé qu'il était à des alarmes et à des méfiances puériles lorsqu'il s'agissait de l'Angleterre. La vérité est que le général O'Farrill, ni les autres ministres espagnols ses collègues, n'étaient anglais ni français, mais espagnols, et que, soumis à un ordre de choses créé par la nécessité, ils ont travaillé sans relâche à adoucir les maux de leur patrie. L'histoire se chargera de conserver des monumens authentiques à ce sujet.

L'empereur Napoléon lui-même, quoique fort souvent contrarié par l'esprit d'indépendance de son frère Joseph qu'il croyait l'œuvre des conseils et de l'influence des ministres espagnols, rendait pleine justice à leur loyauté. L'anecdote suivante le prouve. Je dois la faire précéder de quelques détails.

Napoléon ne consentit qu'à regret à l'occupation de l'Andalousie par l'armée française en janvier 1810 : il était sur le point de faire réunir les différens corps d'armée de la Nouvelle et de la Vieille-Castille pour attaquer le Portugal et forcer les Anglais à abandonner Lisbonne. Les militaires s'accordent à regarder ce plan d'opérations comme le meilleur, comme le seul même qu'on aurait dû suivre, par la raison que la conquête de l'Andalousie eût été très facile après la soumission de Lisbonne, et que l'on s'y serait aisément maintenu ; tandis qu'au contraire, en franchissant la Sierra-Morena avant que l'armée anglaise n'eût évacué le Portugal, il fallait se tenir toujours prêt à combattre sur les frontières qui séparent ce royaume de l'Estramadure et de l'Andalousie. Mais Joseph, voyant les provinces du midi sans défense après la défaite que l'armée de la *Junte centrale* avait éprouvée à Ocaña, averti du désaccord entre les juntes inférieures, persuadé surtout que son frère voulait sincèrement le laisser régner sur toute l'étendue de la monarchie espagnole, insista pour marcher sur la Sierra-Morena. Sa présence dans le pays qu'on allait occuper lui paraissant un moyen convenable de pacification, il quitta Madrid. L'armée française franchit le fameux défilé de *Despeñaperros*, et traversa bientôt sans résistance toute l'Andalousie jusqu'aux murs de Cadix et de Tarifa. Les habitans, surpris, effrayés à l'approche de l'armée française, apprirent avec une vive satisfaction l'arrivée de Joseph parmi eux entouré de ministres espagnols, qu'ils regardaient avec raison comme leurs défenseurs. Après avoir souffert d'innombrables maux occasionnés soit par la guerre, soit par la mésintelligence entre les juntes, leur cœur s'ouvrit enfin à l'espérance; ils crurent avoir touché au terme de leurs souffrances sous un gouvernement régulier, qui paraissait n'avoir plus besoin, pour se soutenir, de l'appui de la force étrangère. De son côté Joseph, à qui il était fort rarement arrivé, depuis son séjour en Espagne, d'entendre des acclamations et des cris d'allégresse, était flatté des clameurs bruyantes et des félicitations qui paraissaient sincères, à son entrée dans les villes de l'Andalousie : il se livrait déjà au doux espoir de régner bientôt seul sur l'Espagne, et d'y pouvoir faire, après la soumission des provinces, le bien qu'il était dans l'impossibilité de leur procurer pendant la durée de la guerre. Qui sait si, voyant les physionomies ouvertes, et entendant les cris de joie des habitans de l'ancienne Bétique, sa mémoire ne lui rappela pas le riant tableau tracé par Fénelon dans le huitième livre de son *Télémaque*, et si son cœur ne s'émut point de la pensée qu'ils jouiraient un jour sous lui sinon de la félicité idéale de cette description poétique, de celle du moins que comportent la faiblesse et l'imperfection de la nature de l'homme?

Quoi qu'il en soit, Napoléon ne fut pas long-temps sans dissiper ces rêves de son frère. En fait de bonheur des peuples, il croyait connaître mieux que qui que ce fût au monde les moyens de l'obtenir; surtout il tenait beaucoup à s'en charger tout seul, ne consentant à y employer comme coopérateurs que ceux qui lui étaient entièrement soumis et dévoués. A peine eut-il appris le bon accueil fait à son frère par les habitans de l'Andalousie, son entrée toute pacifique à Séville et à Grenade, jaloux de ce commence-

ment de popularité qui aurait pu mener par la
suite à l'indépendance, il songea aussitôt à lui
rappeler qu'il était seul le maître. Joseph était
encore à Grenade, fort occupé des mesures propres à compléter la soumission et la pacification
de l'Andalousie, lorsqu'un courrier vint lui remettre un décret de l'Empereur, par lequel il
ordonnait que la Catalogne, la Navarre, la Biscaye, et une partie de la Vieille-Castille elle-
même, seraient désormais sous l'autorité militaire française, et créait dans ces provinces six
gouvernemens militaires. On y maintenait encore un fantôme d'autorité espagnole, il est
vrai; l'on ne détachait pas ouvertement ces provinces de la monarchie pour les réunir au grand
empire, mais il était évident que Napoléon,
fidèle à son système de morceler les États pour
les asservir, prenait cette mesure comme un
acheminement pour opérer la séparation en
temps opportun. Ainsi les promesses tant de fois
réitérées sur le maintien de l'intégrité et de l'indépendance de la monarchie espagnole étaient
scandaleusement violées. Joseph venait de dire,
dans sa proclamation faite à Cordoue le 27 janvier : « Il est de l'intérêt de la France de conserver à l'Espagne son intégrité et son indépendance, si elle redevient son amie et son alliée;
si elle reste ennemie, la France doit chercher à

l'affaiblir, à la démembrer, à la détruire »; et c'était après une semblable déclaration, lorsqu'on faisait un bon accueil au nouveau gouvernement, et qu'on laissait voir presque de l'affection pour lui, que l'on apprenait le danger imminent du démembrement des provinces de la monarchie! S'il avait pu rester quelque espoir de voir l'Espagne arrachée aux vexations de la guerre, et affranchie du régime brutal de la force, il venait de s'évanouir sans retour par ce décret.

L'agression de Napoléon blessa profondément son frère. Pour ce qui est des ministres espagnols, qui, depuis long-temps fatigués des obstacles qu'ils rencontraient partout dans l'exercice de leur autorité, abreuvés de toutes sortes de dégoûts, avaient considéré la soumission de l'Andalousie comme l'avant-coureur d'un avenir moins malheureux, ils gémirent de nouveau, en apprenant la création des gouvernemens militaires, de se voir engagés dans la défense d'une cause à laquelle l'ambition et la mauvaise foi de Napoléon venaient d'ôter le plus noble comme le plus légitime des motifs qui les avaient jusque-là déterminés à la soutenir. Mais comme la création des gouvernemens militaires faite par l'Empereur des Français n'était point encore un acte de séparation formelle de ces provinces; comme en y établissant l'administration impériale on ne déclarait pas ouvertement qu'on les détachait de la monarchie espagnole, ils se plurent à ne voir dans cette mesure qu'une menace de Napoléon pour rendre son frère docile à ses volontés; ils pensèrent que ce serait peut-être une résolution prise dans un moment d'humeur, et qu'en exposant franchement les obstacles que la séparation de ces provinces ne pouvait manquer de faire naître pour la soumission et la pacification de l'Espagne, on se déciderait enfin à les remettre sous le gouvernement du Roi.

Nous sommes toujours enclins à accueillir avec faveur les plus faibles raisonnemens, lorsqu'ils flattent nos espérances ou nos préjugés. Joseph et ses ministres, bercés de l'espoir de fléchir Napoléon, s'occupèrent aussitôt du choix des moyens propres à atteindre ce but. Azanza était un très habile homme d'État, rempli de toutes sortes de qualités. L'Empereur l'aimait beaucoup : il avait fort goûté son caractère et ses manières, lorsqu'il fut à Bayonne pour présider la junte des notables espagnols réunie dans cette ville. Napoléon le faisait venir souvent dans son château de Marrac, lorsqu'il était tout-à-fait en famille, et il le traitait avec la plus grande confiance (1). Il fut donc

_______

(1) M d'Azanza vit un jour, en arrivant chez l'Empereur, le grand-cordon de la Légion-d'Honneur sur sa

décidé qu'il partirait pour Paris. Le hasard fournissait un but apparent qui cachait bien les vues
secrètes du négociateur. Le mariage de l'Empereur avec l'archiduchesse Marie-Louise devait
avoir bientôt lieu : on annonça que M. d'Azanza
était nommé pour aller complimenter l'Empereur; en même temps, pour que l'ambassadeur
pût se présenter d'une manière convenable dans
les cercles brillans de la cour des Tuileries, on
crut nécessaire de lui conférer un titre, quoique,
à la vérité, l'habitude de vivre dans les cours
qu'avait M. d'Azanza, son urbanité, et ses manières aimables, n'eussent nullement besoin de
nouvelles dignités pour s'y faire remarquer.
M. d'Azanza possédait des terres à Santa-Fé, ville

table : quelques momens après, Napoléon, le prenant
dans ses mains, allait décorer lui-même le ministre espagnol; mais Azanza lui dit : « Sire, lorsque je me suis
« décidé à reconnaître le frère de Votre Majesté comme
« roi d'Espagne, je n'ai eu en vue que le bien de mon pays,
« que je voudrais préserver de la dévastation et des mal
« heurs dont il est menacé. Si mes compatriotes me
« voyaient décoré du grand-cordon de la Légion-d'Hon
« neur, ils pourraient me soupçonner d'ambition. Daignez
« agréer l'expression de ma profonde reconnaissance. »
Napoléon se rendit à la force d'un aussi noble motif, et
n'insista plus. Quelque temps après, en racontant à son
frère Joseph le refus de M. d'Azanza, il lui dit : *C'est le
premier qui ait refusé mon grand-cordon.*

située à deux lieues de Grenade, lieu célèbre pour avoir été le camp et le quartier-général de Ferdinand et d'Isabelle pendant le siége de la capitale des Rois maures. On le nomma duc de *Santa-Fé*, et il partit en toute hâte pour Madrid, afin de tout préparer pour se rendre à Paris.

Ce ne fut point sans peine qu'au bout de quelques mois de séjour à Paris, M. d'Azanza put enfin obtenir une audience de l'Empereur, pour conférer avec lui sur le véritable objet de sa mission. L'Empereur commença par se plaindre hautement de ce que ses frères, placés par lui sur les trônes qu'ils occupaient, épousaient les intérêts de leurs États aussitôt qu'ils y étaient établis, sans égard pour la France, et sans aucune déférence pour lui, de qui ils tenaient tout. Là-dessus, il développa fort au long ses principes de morale politique ; il n'est pas besoin de dire qu'ils sapaient par sa base l'indépendance des nations, et qu'ils étaient entièrement favorables aux vues de ce dominateur de l'Europe, fondateur alors d'un grand empire. A cette époque, le dévouement de son frère Louis, roi de Hollande, aux intérêts de ses sujets, et son refus de les sacrifier aux exigences du cabinet français, avaient singulièrement contrarié Napoléon ; il se plaignait à tout moment de l'ingratitude de sa propre famille. Il avait pris un

jour dans ses bras le fils de Louis, âgé de huit
ans, son filleul, et lui avait adressé ces paroles,
que les courtisans ne manquèrent pas de répéter
avec des commentaires sur la grandeur et l'étendue des vues de l'Empereur : *Si vous régnez un
jour, souvenez-vous que vos premiers devoirs
sont envers la France et envers moi.* Plein de ces
idées, Napoléon dit à M. d'Azanza qu'il était très
mécontent du conseil de son frère Joseph; que
ses ministres ne songeaient qu'à le rendre Espagnol et à mettre l'Espagne hors de la dépendance
de la France. M. d'Azanza répondit que la France
et l'Espagne devaient être toujours deux nations
amies; qu'il ne s'agissait, dans les conseils de
son frère Joseph, que de maintenir par tous les
moyens possibles la bonne intelligence entre les
deux gouvernemens. La discussion devint très
animée; mais, malgré la chaleur que l'Empereur
y mit, il fut forcé d'avouer que les ministres
espagnols faisaient leur devoir en demandant sans
cesse l'indépendance de leur patrie. *Je conçois,*
ajouta-t-il, *que vous et M. O'Farrill lui teniez
ce langage; mais que des Français renégats
qui entourent mon frère, et qui occupent des
places auprès de lui, aient oublié leur patrie
et veuillent me contrarier aussi, voilà qui de-
vient insupportable.* Je tiens cette anecdote de
M. d'Azanza lui-même.

S'il m'était permis d'invoquer ici les témoignages, je ne dirai pas des Espagnols, qui ont eu des preuves si évidentes de l'amour que le général O'Farrill portait à son pays, mais de MM. les maréchaux et généraux qui commandèrent les armées françaises en Espagne, ainsi que des principaux employés de l'administration militaire, lesquels, à raison même de leurs commandemens ou de leurs fonctions, eurent des rapports avec lui comme ministre de la guerre, on les verrait unanimement rendre hommage à son esprit droit, à sa probité, et surtout à l'amour dont ils le trouvèrent constamment animé pour sa patrie; ils diraient aussi qu'ils l'ont vu, au milieu des combats acharnés, exposer ses jours pour sauver la vie des soldats espagnols au moment où ils allaient être frappés par le fer ennemi. Parmi plusieurs faits de cette nature qu'on pourrait citer, je me bornerai à celui-ci. A la bataille d'Ocaña, où M. le maréchal duc de Dalmatie fit expier chèrement au cabinet militaire du gouvernement de Séville son imprudente résolution de mettre aux prises une armée à peine organisée avec les troupes les mieux aguerries de l'empire français, on enveloppa, par les savantes manœuvres ordonnées par le général en chef, plusieurs divisions espagnoles; l'on vit alors le général O'Farrill courir à travers le champ de bataille pour faire cesser le carnage, rappelant aux soldats français leur générosité envers les vaincus : vingt-deux mille prisonniers saluèrent leur libérateur de leurs acclamations.

Nous venons de tracer une esquisse légère des faits qui concernent la vie publique du général O'Farrill ; les bornes de cet exposé ne nous permettaient d'en donner qu'une notice fort succincte. Nous ferons deux observations en le terminant : jamais sa conduite ne fut déterminée par des calculs étroits de cupidité ni d'égoïsme. Pendant sa longue et brillante carrière, il ne considéra les emplois que sous le rapport des services qu'il pouvait rendre à son pays ; loin de s'enrichir dans les places éminentes qu'il remplit, il dépensa, au contraire, la plus grande partie de son patrimoine pour en soutenir la dignité et l'éclat, méritant ainsi de plus en plus les bontés des princes qui l'honoraient de leur confiance. Dans aucune des situations de sa vie, la noblesse et le désintéressement de son caractère ne se démentirent un seul instant ; il aurait pu amasser bien des richesses, et il y eut pourtant des momens critiques où son extrême délicatesse lui fit souffrir des privations. Une autre observation non moins honorable pour le général O'Farrill, c'est que dans l'exercice du pouvoir l'on ne saurait citer un seul acte vexatoire, un seul abus d'autorité qu'il se soit permis envers ses subordonnés. Fidèle observateur des lois, il adoucit la rigueur qui se trouve parfois dans leurs dispositions par la prudence et l'équité; il ne restera assurément pas dans les archives des ministères, à Madrid, un seul procès qui lui ait été intenté, aucune plainte élevée contre lui, à raison de l'injustice de ses ordres. Si l'on interrogeait les employés qui ont servi, soit dans les bureaux du ministère, soit dans d'autres fonctions près de la personne du général O'Farrill, l'on n'entendrait qu'un concert unanime de louanges sur son zèle et sa droiture d'un côté, et sur sa bienveillance et son amabilité de l'autre; enfin, comme homme public, il fit toujours du bien et jamais de mal. Heureuse prérogative, précieuse ressemblance avec un des plus précieux et des plus adorables attributs de la Divinité, qu'il n'est donné qu'à un petit nombre d'âmes privilégiées de posséder sur la terre!

Après la paix de 1814, le général O'Farrill vécut à Paris dans la retraite, entouré des tendres soins de sa famille, et jouissant des douceurs de la vie domestique; malheureusement son cœur aimant fut mis parfois à de rudes épreuves; il perdit une femme adorée, perte qui fut suivie de celle d'autres personnes alliées ou amies. A tant de peines venaient se joindre d'autres chagrins amers, des tourmens cruels pour son âme remplie d'honneur. Il voyait chaque jour sa conduite politique mal interprétée dans sa patrie, la pureté de ses intentions méconnue, et son nom, long-temps populaire et entouré d'une auréole de loyauté et de patriotisme, excitant à raison de cela même les traits de la jalousie et de la malveillance; car, ainsi que l'a remarqué Tacite dans la *Vie d'Agricola,* il y a des temps malheureux dans lesquels une grande renommée est aussi dangereuse qu'une mauvaise réputation : *Nec minus periculum ex magna fama, quam ex mala.* Mais lorsqu'en butte à la violence et à l'injustice de l'esprit de parti d'un côté, et frappé de l'autre dans tout ce qu'il avait de plus cher sur la terre, on le voyait conserver son courage et sa douceur inaltérable, l'on croyait avoir devant les yeux un de ces hommes antiques dont Plutarque nous a transmis la fermeté et le stoïcisme au milieu des rigueurs de l'adversité. A la fin, le temps calma peu à peu la fureur de nos discordes civiles; les préventions injustes, les reproches amers firent place à des considérations équitables, et justice fut rendue à la pureté de ses intentions. Il lui fut donné de voir son nom replacé dans la haute sphère qu'il avait naguère occupée. Sa majesté Ferdinand VII l'ayant réhabilité sur la fin de ses jours dans tous ses grades et honneurs, il a pu mourir léguant à sa famille un nom illustré par de grands services rendus à la patrie, purifié dans le creuset des bouleversemens et des révolutions politiques, et honoré partout de l'estime et de la considération des gens de bien.

Quoique la louange se trouve à l'aise sur un tombeau, je n'en éprouverais pas moins de l'embarras si j'avais à énumérer ici les qualités dont le général O'Farrill était orné, car il n'est point aisé de bien tracer le portrait d'un aussi noble caractère. Je ne crains pas de le dire, et j'invoque le témoignage de tous ceux qui ont connu cet homme vertueux; il n'est donné qu'à un très petit nombre d'âmes privilégiées d'offrir un aussi rare assemblage de qualités, et d'atteindre à une aussi haute perfection morale.

Son esprit était vif, étendu, pénétrant, et surtout d'une grande justesse; ses connaissances étaient non moins vastes que variées : il n'avait point cultivé les sciences seulement; il connaissait très bien la littérature ancienne et moderne. Possédant les principales langues des peuples de l'Europe, et ayant eu occasion de vivre, soit en Espagne, soit pendant ses voyages, dans la société des hommes les plus distingués par leurs lumières, il amassa un riche trésor de connaissances en tout genre. On l'a vu avec étonnement

conserver jusque dans un âge avancé une véritable passion pour l'étude. Il est fréquent de
trouver des vieillards qui aiment la lecture et
les paisibles méditations du cabinet ; car, selon
la remarque de Cicéron, dans son *Traité de la
Vieillesse*, l'âge ne fait qu'augmenter l'amour
des sciences dans ceux qui ont été bien élevés ;
mais ce que l'on voit très rarement, c'est de se
livrer à l'étude sur la fin de sa carrière avec l'ar-
deur d'un jeune homme dévoré du désir de connaître, ou tourmenté par une noble ambition de
gloire. Malgré la vaste instruction que possédait
le général O'Farrill, il suivait avec autant de zèle
que de constance le prodigieux développement
de l'esprit humain ; il cherchait les lumières
dans les nombreuses institutions scientifiques et
littéraires de cette capitale. Point d'ouvrage re-
marquable, point de découverte nouvelle, qui
échappât à sa sollicitude. Il est vrai de dire, et
cela est un titre d'honneur de plus pour sa mémoire, que dans cette vigilance active et conti-
nuelle sur les progrès des sciences et des lettres
en Europe, ce n'était point seulement son propre
contentement qu'il cherchait : les yeux constamment fixés sur son pays natal, animé du
noble désir de le voir heureux et prospère, il
pensait à l'île de Cuba chaque fois qu'on annon-
çait, soit en France, soit en Angleterre, une

invention utile ou un ouvrage important. Le
général O'Farrill aima son pays natal comme il
aimait sa famille et tous les autres objets de
son affection, c'est-à-dire avec enthousiasme.
Puissent ses compatriotes, encouragés par la
gloire de son nom, le prendre pour modèle dans
toutes leurs actions, et imiter sans cesse ses vertus! ce sera assurément l'hommage le plus flat-
teur qu'ils pourront offrir à ses illustres mânes.

Quant à son caractère, le trait le plus saillant,
celui qui perçait toujours dans les plus petites
choses comme dans ses actions les plus importantes, c'était la bonté. Il éprouvait un besoin
continuel de rendre heureux ceux qui l'entouraient, et de soulager toutes les souffrances.
Mais cette philanthropie, qui consiste à faire du
bien sans calcul, et qu'il possédait à un aussi
haut degré; cet esprit de bienfaisance noble,
pur, chaleureux, qui est le plus bel ornement
de l'esprit de l'homme, était ennobli et sanctifié
chez lui par une douce piété. Son âme avait une
grande ressemblance avec celle de Fénelon. Combien de fois ne lui ai-je point entendu répéter
avec enthousiasme ces belles paroles du prélat
français : *J'aime mieux ma famille que moi-
même; j'aime mieux ma patrie que ma famille,
mais j'aime encore mieux le genre humain que
ma patrie!* C'est qu'en effet si l'amour était le

premier besoin de son cœur, son esprit droit et
éclairé sentait aussi tout ce qu'il y avait de juste
et de sublime à la fois dans ces gradations si-
gnalées par l'archevêque de Cambrai. Dans
l'amour, source abondante et pure, d'où le
christianisme fait découler toutes les vertus,
prenaient naissance, chez le général O'Farrill,
l'amitié noble, désintéressée, purifiée de tout
mauvais alliage, la tolérance pour les faiblesses
des autres, la modération dans tous ses désirs,
la modestie, l'accomplissement enfin de tous ses
devoirs. Qu'il était doux de vivre dans la société
d'un tel homme! On le trouvait toujours aima-
ble, parce qu'il était toujours aimant. Quelle
facilité de mœurs! quel charme continuel dans
son commerce! Sa politesse ne consistait pas seulement dans les manières : elle prenait également
sa source dans les qualités les plus estimables de
son cœur; il y avait dans son urbanité un par-
fum de bienveillance et d'affection sincère, et
rien de ces complimens, de ces grimaces men-
songères qui osent quelquefois se parer du nom
de cette vertu : toujours attentif, empressé pour
les autres, il s'oubliait entièrement lui-même.

Depuis quelques années la santé du général
O'Farrill s'affaiblissait assez sensiblement pour
que sa famille et ses amis en conçussent de sérieuses inquiétudes. Quoique sa tête conservât

toute sa vigueur et son âme toute son énergie,
on voyait décliner chaque jour ses forces physi-
ques. Une maladie qui n'eut que la durée de
quelques heures, l'enleva le 19 juillet dernier.
Ce n'est point une exagération ni une expression
banale, que de dire que sa perte a été regrettée
par tous ceux qui l'avaient connu. On a pu voir
au recueillement, à la tristesse empreinte sur le
visage de ceux qui ont accompagné son convoi
funèbre jusqu'à sa dernière demeure, que ce
n'était point là un hommage froid, stérile, pres-
crit par les convenances, mais que tous étaient
pénétrés de douleur en voyant quitter la terre
un homme qui l'avait tant honorée par ses hautes
qualités. C'est le privilége de la vertu d'arracher
des soupirs purs, nobles et désintéressés comme
elle. M. le comte d'Ofalia, ambassadeur de S. M.
le roi d'Espagne, présidait à cette triste solen-
nité, entouré de MM. les officiers de son ambas-
sade, offrant ainsi, comme interprète de la volonté de son souverain, un témoignage authentique des services honorables que le général
O'Farrill a rendus à son pays dans les divers
emplois qu'il remplit pendant sa longue carrière.
Si dans l'âge orageux où nous avons vécu, le
général O'Farrill se vit parfois entouré de circonstances difficiles qui lui enlevèrent momen-
tanément sa popularité; s'il fut même en butte

à des accusations graves, mais non méritées, il a été assez heureux du moins pour avoir vu ces nuages se dissiper; il a pu descendre dans la tombe emportant l'assurance que sa patrie rendait pleine justice à ses intentions, et qu'elle le regardait toujours comme un de ses enfans chéris, digne de son estime et de son amour.

FIN.

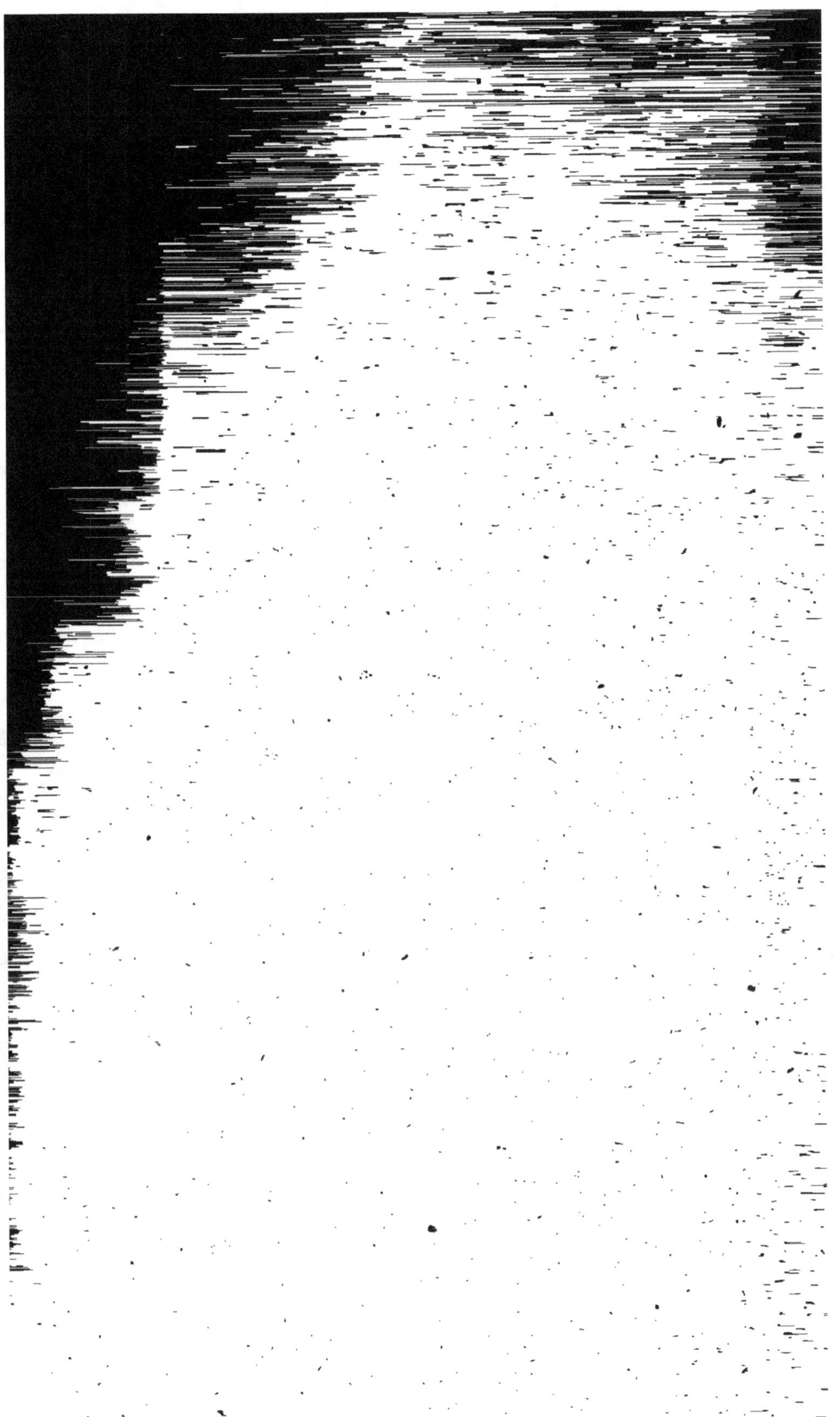

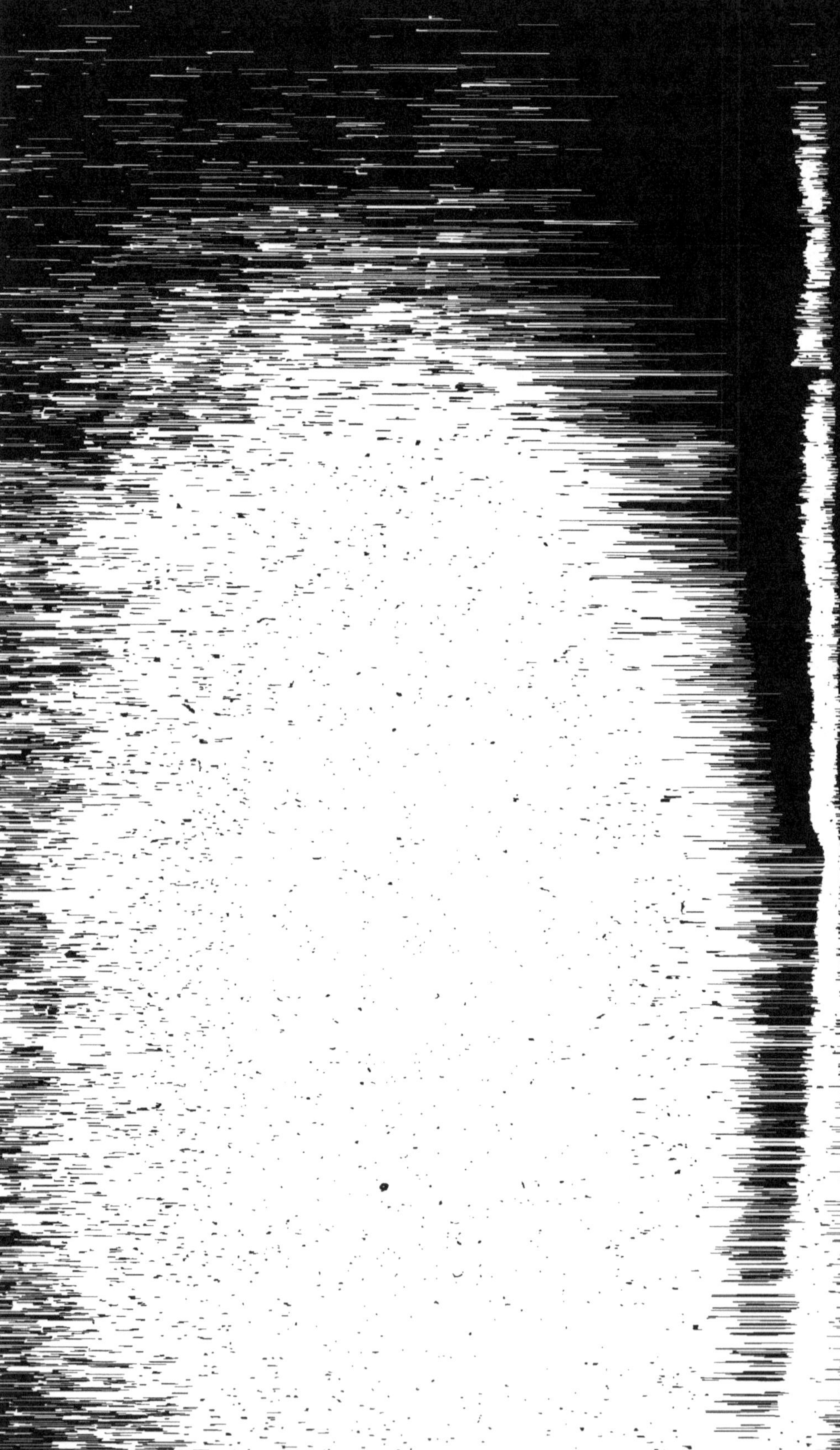